Strix

Die Geschichte eines Uhus

Svend Fleuron

(Translator: Mathilde Mann)

Alpha Editions

This edition published in 2022

ISBN : 9789356712096

Design and Setting By
Alpha Editions
www.alphaedis.com
Email - info@alphaedis.com

As per information held with us this book is in Public Domain.
This book is a reproduction of an important historical work. Alpha Editions uses the best technology to reproduce historical work in the same manner it was first published to preserve its original nature. Any marks or number seen are left intentionally to preserve its true form.

Contents

1. Das Ohr des Waldes .... - 1 -
2. Männchen und Junge .... - 6 -
3. Der geflügelte Wolf .... - 19 -
4. Das neue Gelege .... - 26 -
5. Strix und die Menschen .... - 34 -
6. Winterleben im entlegenen Walde .... - 45 -
7. Der neue Wald rückt vor .... - 56 -
8. Auf der Heide .... - 64 -
9. Im Kampf mit einem Adler .... - 78 -
10. Der Leuchtturmwärter .... - 85 -
11. Klein-Taa .... - 97 -
12. Zurück .... - 102 -
13. Strix schafft sich einen Sklaven an .... - 111 -
14. Strix Bubos Tod .... - 121 -

1. Das Ohr des Waldes

In der fernen Tiefe der großen Föhrdenwälder, wo sich Licht- und Schattenbäume wirr ineinander verzweigen, ragt ein hoher Hügelzug steil empor.

Er zieht sich rund um ein kleines Waldmoor herum, so daß die Morgensonne seine Westseite und die Abendsonne die Ostseite bescheint, während die Strahlen der Mittagssonne nur seinen Gipfel streifen.

An der Nordseite des Hügels, ganz hart an der Wand, steht zwischen Dornen und Gestrüpp eine alte, abgestorbene Eiche.

Sie war einstmals eine Rieseneiche, ein Koloß von Baum; jetzt ist sie hohl — der Kern ist vermodert und ganz zusammengesunken, so daß gleichsam ein Haus in dem zunderigen Stamme entstanden ist.

Es riecht säuerlich da drinnen und seifig wie nach Zecken.

... Die Zeit wohnt hier und zeugt jede Sekunde, wetzt ihren Zahn und frißt, was die Zeit vor ihr übriggelassen hat.

Ungefähr in halber Höhe des Stammes, an der Seite der alten Eiche nach dem Moore zu, gähnt ein großes Loch aus dem Bauch des Baumes hervor.

Eine Daune flattert in einem Spinngewebe an dem oberen Rande der Öffnung.

Tief unten in dem Loch, das in bezug auf das Sonnenlicht so gestellt ist, wie der Hügel selbst —: die westliche Wand bekommt Morgensonne, die östliche Abendsonne, während die hintere Wand nie den Schimmer eines Strahles erhascht — sitzt ein riesengroßer Vogel, und je nachdem die Sonne ihren Weg über den Himmel geht, rückt er aus dem einen Schatten in den andern.

Es ist ein Nachtraubvogel —: ein großer, braungefiederter Uhu!

Diese alte Eiche hier im Revier hat er mit gutem Bedacht erwählt: hier sitzt er gleichsam im Ohr des Waldes; jeder Laut, der von draußen her über den See hereindringt, fährt zwischen den Hügelwänden hin und her und bis zu ihm in das Loch hinein.

Es ist ein dickes, kräftiges Uhuweibchen ...

Sein Kopf ist so groß wie der der größten Wildkatze, nach vorn zu flach abgeschnitten, so daß er das schönste Gesicht bildet.

Der Schnabel ist stark und gekrümmt, und die Schneiden sind so scharf wie eine Rosenschere. Sie behandeln einen Braten kunstgerecht, zerlegen ein

Stück Wild im Handumdrehen. Ritsch, Ratsch — und sie haben selbst die Schenkelknochen eines zähen, alten Hasen durchgeschnitten.

Er fängt kein Tier, dieser große Uhu — er schlachtet es!

Von den gelben Schnabelrändern steht ein Kranz von Federn wie ein brausender Schnurrbart ab. Er trägt sein Teil dazu bei, auf humane und rücksichtsvolle Weise das arme Opfer irre zu führen, wenn es im Kampf um sein Leben versucht, sich ein Urteil über den großen Schlund seines Gegners zu bilden.

Der Schlund ist enorm — aber erst wenn der Uhu ihn öffnet, kann man es sehen.

Die Mundwinkel gehen ganz bis hinter die Augen und enden fast bei den Ohren; sie erschließen einen feuerroten, dampfenden Schlund, der den verhältnismäßig engen Trichter zu einem ungeheuren Sack bildet, in dem eine ganze Stallratte verschwinden kann.

Oben auf dem Kopf, rings um die Ohrlöcher, die ungeheuer sind im Verhältnis zu ihrer Größe bei andern Vögeln, sind die Federn sinnreich geordnet, so daß sie gleichsam einen Schirm bilden, gegen den die Schallwellen anschlagen können.

Das Gehör der großen Eule ist denn auch so fein, daß sie hören kann, wie die Maus kaut und das Gras trinkt, ja selbst jede Bewegung, jeden Flügelschlag des Nachtfalters hört sie!

Oben von den Schirmen ragen wild und drohend, wie die Lauscherpinsel eines Luchses, zwei wehende Federbüsche in die Höhe.

Aber die Augen sind doch das Furchteinflößendste in diesem Gesicht! Sie sind prachtvoll gelb mit rötlichem Außenrand; die Eule kann gleichsam Feuer und Blut dahineinlegen, sie glühen und Funken sprühen lassen, so daß das Opfer gelähmt wird, wenn es seinen Blick plötzlich fängt.

Sie ist so groß, daß sie im Morgen- und Abendlicht, wenn sie über die Waldeswipfel hingleitet, einer kleinen Wolke gleicht — einer Wolke, die schwarz ist und an den Rändern sonderbar faserig! Ihr Körper ist wie der einer Gans, und ihre Stärke gibt der eines Königsadlers nichts nach. Sie hat Flügel wie Schaufeln und so muskulöse Schenkel wie nur ein Fuchsrüde; die können ihren nächtlichen Wanderungen über den Waldboden Fahrt und ihrem Griff, wenn sie fängt, Feuer verleihen.

Ihre Fänge, die selbst durch Eichenrinde bis auf den Grund gelangen, sind fingerdick, und wenn sie sie völlig auspreizt, haben sie fast die Spannweite einer Männerhand: die Wulsten unter ihnen gleichen schwellenden Kissen und aus einem jeden ragt eine lange, dralle, sichelförmige Kralle, wie ein kleiner türkischer Krummsäbel hervor.

Sie sitzt förmlich in Daunen und Federn ...

Die Dämmerung hat sie mit ihrem Pfeffer und Salz bestreut, und die Nacht hat ihr mit schwarzem Pinsel über Flügel und Rücken gestrichen. Längs der Mitte der dicken, breiten Brust läuft ein weißlicher Strich, der sich oben unter dem Halse zu einem Fleck erweitert. Das ist das einzige wirklich Helle an ihr, es ist gleichsam eine Erinnerung an den Glanz des Tages, an das Licht der Sonne — ganz will es sie doch nicht lassen.

Es ist sonnenwarm und mitten am Tage ...

Die Eule sitzt satt und tagesschlaff zusammengesunken über ihrem Stand, die langen Schwungfedern gleich einem wärmenden Unterrock über ihre Fänge gebreitet.

Der große, runde Kopf mit den mächtigen Federbüscheln ist ganz nach dem Leib herabgezogen — dadurch erhält das Gesicht etwas mürrisches, unzugängliches.

Wie ein großer Wurzelstock ragt sie aus dem hohlen Stamm hervor.

Die Finken können piepsen, der Specht kann klopfen und der Hirsch unter ihrem Baum schreien — sie hört es nicht! Kläfft aber ein Hund in weiter Ferne, ertönt das Rollen eines Wagens oder der Klang einer Axt — gleich zittert es in den Federbüscheln, sie sträuben sich drohend wie Bockshörner auf ihrem Kopf, werden nach und nach zu Hängeohren wie an einem melancholischen Schwein, um sich schließlich hintenüber zu legen, ganz an den Hals herunter, wie bei einem wilden, bissigen Pferd.

Draußen über dem Waldmoor flimmert die Luft von Licht; es ist so sonnenweiß da draußen, so voll von Tag und Leben.

Feuerglänzende Stechfliegen treten plötzlich in die Erscheinung, stehen einen Augenblick still und glühen — und verschwinden dann wie Sternschnuppen in den Schlagschatten. Große, schimmernde Libellen schwirren schaukelnd über den Wasserspiegel, schrauben sich im Spiralflug empor und fahren mit jähen Wendungen und unvorhergesehenen Bewegungen in Schwärme von Mücken hinein, so daß bei dem schnellen Flug ihre steifen, durchsichtigen Flügeldecken knistern.

Dann schwingt sich ein Schwarm roter Falter von einem Wasserrosenblatt auf. Gleich Blättern in einer Wolke von welkem Laub, das plötzlich vom Winde erfaßt wird, stehen sie über den Erderhöhungen hin ... der Staub auf ihren unberührten Schwingen glitzert und leuchtet, während sie in lautlosem

Sonnentanz, einander umgaukelnd, sich vom Winde treiben lassen, bis sie sich schließlich paaren, je zwei und zwei.

Da mischt sich ein Flug weißer Schmetterlinge mit den roten und bringt Verwirrung in das so glücklich beendete Hochzeitsspiel. Nun schweben sie alle hernieder und setzen sich mit ausgebreiteten Flügeln ein jeder auf seine Irisknospe. Es sieht so aus, als seien alle Knospen auf einmal erblüht!

Und himmelblaue Holztauben huschen hin und her von den Schöpfstellen, und nachtsschwarze Bläßhühner flattern bullernd über Wassertümpel, während taugraue junge Reiher zwischen dem Flimmern des Röhrichtsaums sich in der Geduld und dem Gewerbe des Fischens üben.

Es ist Tag da draußen ... es liegt Leben über dem Waldmoor.

Drinnen aber im Baumstamme ist es düster und kalt. Die gefurchten Wände, die dieselbe glanzlose Farbe haben wie gebleichtes Gebein, und die holperig sind von Zunderknoten und fauligen Knorren, wimmeln von Larvengängen und Wurmlöchern. Reisig und abgewehtes Laub hat sich angesammelt — und dicke, wollstrumpfähnliche Spinngewebe, die sich in der Zugluft krümmen, verkleiden die Wände der Rinde wie geheimnisvolle Vorhänge.

Hin und wieder verirrt sich ein Sonnenstreif durch einen Spalt und zeichnet einen phantastischen Lichtfleck auf die entgegengesetzte Wand. Da kommt Leben in ein paar zottige Spinnen, eine schildgepanzerte Kellerassel rollt sich schleunigst zusammen, während ein Bündel schwefelgelber Stinkpilze, denen hier drinnen auch ein Lebensplatz angewiesen wurde, aus Rissen in der Finsternis heraus einen langen Hals machen.

Der Wind plaudert ununterbrochen mit der alten, abgestorbenen Eiche; er gönnt ihr den Frieden nicht, sondern fährt fort, sie zu quälen. Wenn dann der Baum so recht kläglich ächzt, reckt die Eule sich auf und schüttelt sich im Schlaf — dies Knarren des alten Holzes tut ihr so innerlich gut.

———

Auf einmal dringt ein sonderbares, anhaltendes Kratzen durch das Loch zu ihr herein.

Der Laut nimmt zu ———

Dröhnen von Pfotenklatschen, Ritzen von Krallen, die sich in Rinde bohren, dumpfes Bumsen von losgerissenen Moosfladen, die in das Laub unter dem Baume herabfallen, jagen wie Hiebe gegen ihr Trommelfell.

Da ist jemand auf dem Wege zu ihr herauf!

Im selben Augenblicke ist die Eule wach.

Es geht schnell zu ihr hinauf im runden Korkziehergang, ganz so, als statte der Specht vormittags ihrem Wohnbaum einen Besuch ab. Jetzt ist das Geräusch dicht hinter ihrem Rücken; sie hört das trockne Holz des Stammes ächzen, und es dröhnt in dem hohlen Baum wie in einer leeren Tonne.

Die Eule richtet sich auf und wird zweimal so groß! Sie wirft gleichsam die Kissen ab und ihr vorhin so dicker, aufgeplusterter Körper wird schlank und lang.

Plötzlich gleitet ein kleines, langgestrecktes, schlangengeschmeidiges Raubtier in kastanienbraunem Pelz lautlos durch das Eingangsloch ...

Da leuchtet es unten aus dem Zunderdunkel wie Zauberglut auf. Ein elektrischer Strom, aus Spannung und Erregung geschaffen, entzündet magische Funken in den brandgelben Lichtern der Eule, sie sperrt ihren mächtigen Schlund auf und gibt plötzlich ein Furcht einflößendes Fauchen von sich.

Das geschmeidige Raubtier fährt mit einem Satz zurück; in langen Sprüngen jagt es kopfüber am Stamm hinab und verschwindet in wilder Flucht.

―――

Der Marder Taa ist der blutdürstigste Räuber des Waldes. Aber noch ist er so jung, daß er dergleichen Fehlgriffe begehen kann.

Er hatte gehofft, ein Eichhörnchen in dem hohlen Stamm da oben zu treffen oder doch wenigstens einen kranken, alten Häher.

Jetzt macht er sich schleunigst unsichtbar, ganz verwirrt infolge des Irrtums.

Alle Bewohner des Waldes kennen ja den großen, braungefiederten Nachtvogel — den fliegenden Wolf, mit dem menschlichen Gesicht und den geradeaus gerichteten Lichtern, die die Macht des Blickes besitzen.

Sie ist der Tyrann des Hochwalds, der seine Steuer von allen erheischt, von den Hirschkälbern bis hinab zu den Mäusen.

Sie scheuen sie, sie fürchten sie ... Strix Bubo, die große Horneule!

2. Männchen und Junge

Strix steht in ihren Kraftjahren, in den jubelvollen Tagen ihres glücklichen Alters.

Alles, wonach sie greift, fängt sie, und alles, was sie schlägt, fällt und stirbt; sie hat Wachstum in den Federposen, Griff in den Fängen und einen ewig brennenden Hunger im Magen; sie ist riesenstark. Wenn sie nur einen Hasen anrührt, spritzt das Blut gleich aus den zur Ader gelassenen Pulsen; sie hat Lust zur Paarung und Freude an den Jungen, sie besitzt alles, was reizt.

Ihr Jagdgrund ist groß! Sie wohnt hier in den Hochwäldern, ganz am Ende der Förde und kann bis zum nächsten Nachbar jagen.

Es sind alte, pfadlose Wälder, voll von Dickicht und sauren Erlenmooren, umgestürzte Bäume und herabgewehte Zweige liegen überall umher, und überall stehen zunderige, hohle Bäume und knarren. Unter der Geißel eines großen Wildbestandes sind die Wälder aufgewachsen: Urwald-, Kronenhirsche und Rudel von Rehen hatten hier zu allen Zeiten ihren Stand und haben sich den Winter über kümmerlich im Holz durchgeäst. Daher das viele verkrüppelte Eichen- und Buchengestrüpp, daher die vielen verrenkten Eschen und Erlen, daher das urwaldähnliche Gewirr, das einem großen Uhu das Leben des Lebens wert machen kann.

Aber der Lärm der Menschen rückt Strix näher und näher. Es werden häufiger Bäume im Walde gefällt, neue Menschenwege werden angelegt, kleine Steinhaufen und große Steinhaufen, aus denen Rauch aufsteigt und in denen Menschen wohnen, tauchen in wachsender Zahl längs des Waldsaumes auf. Schon mehrmals hat sie ihren Wohnbaum ändern und tiefer in den Wald hineinziehen müssen. Wo die Bäume am höchsten sind, wo der Sturm am meisten zu nehmen findet, wo er die härtesten Wunden schlagen kann, so daß große Löcher in das morsche Holz kommen — da ist sie immer am besten gediehen.

Aber sie hat kaum ein halbes Jahr in ihrem neuen Versteck gewohnt, als auch schon der große Naturzerstörer mit Säge und Axt dorthin gelangt ist. Sie ahnt ihn, lange bevor er sich auch wirklich hat blicken lassen, denn vor sich her treibt er eine Schar anderer Tiere, denen es so ergeht, wie der großen Horneule selbst.

Es sind Hirsche und Kahlwild, Hühnerhabichte und Wanderfalken, Edelmarder und Wildgänse — alle fliehen sie vor den Axthieben, vor Hundegeläut und Schüssen und vor der scharfriechenden Fährte des arbeitstollen Menschen! Die ursprünglichen Bewohner des Waldes weichen dieser lärmenden neuen Welt; sie ballen sich zusammen an den Stellen, wo sie noch Lebensbedingungen nach ihren Gewohnheiten und Bedürfnissen finden — in den öden Landecken, in entlegenen Winkeln, zwischen Heide-, Moor- und Sumpfstrecken. Hier halten sie sich am Tage auf — sie warten die Nacht ab!

Das mächtige Lichtgezücht, das mit dem Tage erwacht und die Unruhe, den Lärm, die Veränderung und die Umbildung der Erde und der Natur schafft, die die Tiere scheuen, zwingt sie, sich zu verbergen, so lange es rast! Aber des Nachts kehren sie zurück zu den alten Stätten, verbreiten sich auf schnellen Sohlen, auf schleichenden Läufen über das Reich, das einstmals das ihre war. Die Hirsche und das Kahlwild äsen den Roggen der Ansiedler, die Dächse tummeln sich in den Saatfeldern, Marder und Fuchs stehlen Tauben und Hühner — und Strix nimmt an Katzen und Ratten, was sie ergattern kann! In der Nacht gehört die Erde noch den Tieren!

Aber die Erde wird doch kleiner und kleiner. So dicht liegen bald die Steinhöhlen der Menschen um die Hochwälder herum, daß stellenweise Tag und Nacht eine angsteinflößende Wolke ihres eigentümlichen Geruches aufsteigt.

Eines schönen Abends merkt Strix, daß sie um der Nachbareule willen gern so weit jagen kann, wie sie Lust hat. Die Nachbareule läßt ihre Kampfstimme nicht mehr ertönen, sie muß wohl weiter weg bessere Jagdgründe gefunden haben!

Die Nachbareule ist fort — der große Moloch, das Götzenbild der Menschheit: die Zivilisation, hat sie getötet. Der Ausrottungskrieg gegen die Stämme des großen Uhus geht seinen fürchterlichen Gang.

In den letzten Jahren haben die Menschen angefangen, auf eine andere Weise angreifend vorzugehen.

Auf den Gütern jenseits der Förde tauchen plötzlich große, bunte, langschweifige Vögel in Mengen auf.

Es sind Fasanen!

Sie sind in kleinen Feldhölzungen ausgesetzt, wo sie sich durch Kunst im Überfluß vermehren. Es wimmelt von Ihnen am Waldboden und in den Bäumen. Sie sind so fett und gleichgültig, daß sie weder laufen noch fliegen mögen.

Sie ziehen aus allen Richtungen viele von den großen Uhus an; hier brauchen sie ja nur ins Gras niederzustoßen, gleich haben sie die Fänge voll Nahrung.

Rings um diese kleinen Gehölze, einladend über Dickicht und Gestrüpp aufragend, stehen hohe, schlanke Pfähle aufgepflanzt. Auf der Spitze eines jeden liegt — so recht dazu gemacht, um sich darauf zu setzen — ein kleines strammgespanntes Tellereisen.

Diese Eisen machen es im Umsehen Uhu-leer um Strix herum.

Zu dieser Zeit trifft sie ihr letztes Männchen.

Er ist alt und abgelebt, aber ihr bleibt keine Wahl — da sind keine andern Männchen ihrer Art.

Er singt und heult ihr einen Winter lang etwas vor und betört sie fälschlich, indem er trotz der schlechten Zeiten beständig mit Beute in den Klauen fliegt.

Es ist ein Eisen, das er schleppt. Er trägt es solange, bis die Federn des Eisens sich ihm durch das Bein geklemmt haben, dann stirbt der Fuß ab, und eines schönen Tages fällt er mit Eisen und Fang zu Boden.

Ein erstklassiger Freier ist er ja freilich nicht, aber was tut das — — er ist ein Uhu und kein Kanarienvogel!

— — —

Da thront er neben ihr ...

Jedesmal, wenn sie die Hautblende von den Augen fortzieht, sieht sie einen Schatten ihrer selbst vor sich: einen großen, braunen Uhu mit Federbüscheln wie ein paar Katzenohren und mit einer Mundspalte, die sich darunter weit nach hinten zu fortsetzt ...

Das ist der einklauige: UF!

Er ist an die hundert Jahre; seine Zeitgenossen sind der Wolf und der Adler gewesen — der letzte Überrest von Tieren, die noch etwas von der großen Zeit an sich haben.

Den ganzen Winter sitzen sie zusammen in dem hohlen Baumstamm und würgen an ihrem Gewöll. In der Regel schlafen sie gut — und erwachen sie zufällig, so haben sie genug zu tun.

Bald fordern die Nackenfedern einen Besuch ihrer Krallen, bald wollen die Lichter gerieben und die Wangen gewaschen werden, oder der Schnabelbart mit <u>den</u> vielen eingetrockneten Blut- und Fleischüberbleibseln meldet sich und bittet eindringlich, daß man ihn reinigt und bürstet.

Dann pudern sie sich halbe Stunden lang und nehmen die possierlichsten Stellungen ein. Uf wird zu einem jämmerlichen Großvater in der Nachtmütze und mit Haarzotteln um die Ohren; Strix wird zur Furie; zu einem wilden Gespenst — bereit zu kratzen und um sich zu schlagen!

Aber zur Frühlingszeit, wenn die Märzstürme den Wald „stimmen", wenn die Larven in dem faulen Holz des Baumstamms mit offenbar fieberhafter Hast anfangen, ihr eifriges Klopfen und Hämmern zu beschleunigen, wenn die Träume, die sie träumen, immer wiederkehren, da geht es nicht mehr an, nur zu schlafen und sich zu putzen! Da müssen sie auf — auf und die Hörner sträuben und mit den Flügeln schlagen, während sie auf dem Zunder, auf dem sie sitzen, hüpfen und tanzen; da müssen sie schwänzeln und sich kröpfen und hu—u, hu—u heulen ...

Und dann bauen sie ihren Horst.

In einem Bett aus Reisig liegen zwei graubedaunte Junge!

Sie sind runzelig im Gesicht wie alte Weiber und häßlich für alle, nur nicht für Strix. Der Horst liegt in einer großen Vertiefung unter einem alten Baumstumpf, aber er geht in den Baumstumpf hinein, weit hinein, so daß man in ein tiefes, undurchdringliches Dunkel sieht. Es ist ein ganz vorzügliches Nest, da ist ein Fußboden und da ist ein Dach — auf dem Fußboden liegen allerhand Federreste. Ganz hinten im Baumstumpf ist die Vorratskammer; da gibt es Amseln und Birkhühner und Hasen — und alle Speisen sind frisch, die Tiere sind ganz kürzlich geschlagen. Aber vor dem Baumstumpf ist der Fußboden in weitem Umkreis mit Flügeln und Knochen übersät; da sieht es aus wie vor einer Räuberhöhle.

Die Jungen sind noch klein. Vor zwölf Tagen erst sind sie aus dem Ei gekrochen, und Strix' einkralliges, altes Männchen sitzt getreulich über ihnen, um durch die Wärme seines Körpers den Lebensfunken in ihnen zu erhalten. Uf kann schlecht fangen, kaum für den eigenen Bedarf, geschweige denn für den anderer; seine Kralle ist stumpf und seine Augen sind schwach — da haben er und sie die Rollen vertauscht. Ihr liegt es also ob, alle Vorräte zu beschaffen!

Und sie ist zu allen Zeiten ein kühner Jäger gewesen. Gleich bei Tagesanbruch fliegt sie vom Nest auf. In dem blanken, sonnenfreien Licht, das der ganzen Umgebung und allen Gegenständen ihre richtige Größe verleiht, jagt sie am eifrigsten und fängt sie am besten. Da durchsucht sie den Wald, steigt über Mooren und kleinen Wiesen auf ... sie rüttelt wie ein Falke auf hastig klappenden Flügeln und späht hinab. Während die Holztauben gurren und die Drosseln singen, während die Hasen ganz davon in Anspruch genommen sind, auf Freiers Füßen zu gehen, während die Wasserhühner in den Moortümpeln sich um Männchen und Brutplätze balgen, kürt sie zwischen dem Überfluß und macht Beute.

Oder sie fliegt auf ein baumfreies Feld hinaus, hinaus auf Äcker und Heiden, und läßt, während das Tageslicht mehr und mehr Übermacht gewinnt, die Ferne unter sich aufsteigen: neue Wälder weit da draußen fangen an zu winken, Anger mit Lämmern und Zicklein kommen verlockend nahe, sie gewahrt ferne Feldraine und Menschennester, in deren Nähe es von Wieseln und Ratten wimmelt.

Rings umher unter ihr ertönt das Kullern des Birkhahns und das herausfordernde Zusammenrufen streitbarer Rebhähne ... abgezehrte und abgearbeitete Fehen sieht sie mit Stöcken von Schwänzen anstelle der früher so dicken, buschigen Lunten herumhuschen. Die Geburt der Jungen hat alle Haare mitgenommen.

Aber die Fangzeit ist kurz zu dieser Zeit des Jahres ... bald surrt glühende Luft vor ihrem Blick, scharfe, ätzende Strahlen beißen sie in die Augen — und auf einmal ist es, als werde die Erde unter ihr sonnenbestrichen, der letzte Rest von Klarheit verzieht sich — und nun blinkt und flimmert und glitzert das Gras.

Da nimmt sie mit dem fürlieb, was sie zwischen den Fängen hat, und fliegt schleunigst zurück nach ihrer Behausung, das rote Licht des Sonnenaufgangs über den Flügeln.

So holt sie Ratten aus den weitentlegenen Dörfern, Birkhühner aus der Heide, Hasen vom Felde, Krähen aus dem Walde — sie müht sich getreulich ab und nimmt, was sie kriegen kann. Mit einem triumphierenden Hu-u bringt sie ihrem Gatten den Fang, und wenn Uf sieht, was sie hat, sträubt er die Hörner und gibt einen zufriedenen, gurrenden Laut von sich —! Wieder ein Hase! sagt er überrascht in seiner Sprache! ja! sie strengt sich an!

Dann erhebt er sich von den beiden Jungen mit den scharfen Fängen; ihre unheimlichen, halbkahlen Köpfe gucken hervor und zeigen sich ihrem mütterlichen Ursprung. Sie will ihm bei der Beute behilflich sein, will ihm helfen, sie abzuziehen und zu zerlegen, aber er reißt sie ihr weg: sie soll nur fangen, nichts als fangen — — —!

Doch Strix läßt sich nicht kommandieren; sie kennt ihn und weiß, daß er gern für seinen eigenen Schnabel sorgt; so tranchiert sie denn das Wild nach bester Regel, zermalmt die Knochen und macht zähe Muskeln weich; sie kaut die Bissen durch und pfropft sie holterdiepolter ihren heißhungrigen Kleinen in die Schnäbel.

Uf sitzt da und schmollt — —: sie soll nur fangen, nichts als fangen — —

Es dämmert ... es ist ein früher Morgen im Mai! Die Fledermäuse heben sich noch wie Möwen vom Himmel ab. Die Drosseln schlagen ihre ersten, tastenden Schläge, nur ein ganz kurzes Flöten ohne Zusammenhang.

Dann fängt ein Birkhahn draußen am Waldrand an zu kullern und zu schleifen. Eine Amsel trillert, ein kleiner Zaunkönig piepst — der ganze Wald erwacht und begrüßt den dämmernden Tag mit Gesang. Der Kuckuck ruft in unaufhaltsamen Kaskaden, aber die Weibchen sind zu geschäftig, um zu lauschen — sie sind ganz davon in Anspruch genommen, ein Pflegeheim zu finden! Rastlos fliegen sie umher, sie gucken in Astlöcher hinein und zwischen Baumwurzeln, oder sie flattern tief unten über Nessel- und Wildkerbelinseln hin; ihre langen Schwänze streifen förmlich an den Kräutern entlang und jagen die brütenden kleinen Vögel auf.

Strix ist auf Fang aus! Sie muß in der letzten Zeit immer weiter hinaus, die zunächst gelegenen Jagdgründe sind erschöpft.

Von ihren früheren Ausflügen weiß sie, daß dort auf der andern Seite des Waldes unter einem mit Gestrüpp bestandenen Abhang eine große Herde Ziegen mit Zicklein zu weiden pflegt. Heute Morgen ist ihr das Glück hold! Eine der Ziegen hat gelammt und die kleinen, neugeborenen Zicklein drücken sich neben der Mutter an deren Euter.

Die Erde ist im Begriff, die Nebel der Nacht abzuschütteln: alle kleinen Niederungen zwischen den Hügeln stehen in einem Dampf, so daß es für Strix ein leichtes ist, die Tiere zu überrumpeln. Keine von den vielen, neidischen Krähen oder wachsamen Kiebitzen, deren Gebiet sie hat durchfliegen müssen, hat sie eräugt. Ungeahnt dringt sie vor ... sie sieht das Gestrüpp schon in der Ferne. Sie hat nicht den Mut, sogleich niederzustoßen und Beute zu machen. Es gilt jetzt ja mehr, als nur zu fangen! Die Beute muß mit ... mit in die Luft hinauf und nach Hause in den Fängen.

So stürzt sie sich denn in einen Wipfel hinein, der aus dem Dickicht aufragt ...

Der Zweig kracht unter ihrem Gewicht und dem Griff ihrer Fänge, so daß alle Ziegen spähen und sich aufrichten; aber jetzt, wo sie sich gesetzt hat, verschwimmt sie mit dem Kronengewölbe und mit dem Abhang — und die Morgenschläfrigkeit senkt sich wieder auf die Tiere herab. In völliger Ruhe kann sie ihre Beute auswählen: dasjenige der Zicklein das zu äußerst liegt.

Es sind Ziegen von der kleinen, ungekreuzten verkümmerten Landrasse, ein Zicklein wird sie schon tragen können, wenn sie es nur richtig gefaßt kriegt. Geduldig wartet sie den günstigen Augenblick ab.

Auf einmal ist sie da!

Die Fänge bereit, vorn unter der Brust, stürzt sie sich herab. Im Vorübersausen versetzt sie der halbschlafenden Mutterziege eine Ohrfeige, dann paßt sie es so ab, daß sie das Zicklein noch im Fliegen packt.

Sie hat es ... sie flattert damit über den Erdboden hin.

Es ist schwer, sie merkt, daß es nicht so recht mit in die Luft hinauf will — es gehört mehr Aufstiegsschwung unter die Flügeldecken dazu.

Mechanisch gebraucht das Zicklein die Beine, und Strix reizt es durch ihr Kampfgeheul zu den äußersten Anstrengungen. Der Druck unter den Flügeln wird stärker. Bald hebt sie es leicht über Gräben und Erderhöhungen

— und jetzt, mit einer mächtigen Kraftanspannung, nimmt sie endlich ihren Passagier mit in die Luft hinauf.

Sie hat die Fänge in beiden Flanken des Zickleins, tief drinnen in dem zarten Rumpf, die Qual des kleinen Opfers wird auch nur kurz, schlaff hängt der Kopf herab, ehe Strix nur die Hälfte ihrer Flughöhe erreicht hat. — — —

An diesem Morgen hat Strix etwas zu schleppen! Aber die Last ist ihr teuer! Als sie um Sonnenaufgang, schachmatt und abgehetzt, einen langen Schwanz von Krähen und kleinen Vögeln hinter sich, schwer durch die Baumwipfel herabgeflogen kommt, als es Uf klar wird, daß sie die Fänge wirklich voll hat — da vernimmt sie die zärtlichsten Liebeslaute seiner alten Kehle: Wap, wap, wap!

Das sind Zeiten für Strix! Tag und Nacht wechseln nicht schnell genug ...

Der ganze hohle Baumstamm liegt voll von teilweise unangerührten Tierleichen. Da sind Birkhühner und Rebhühner, Holztauben und Krähen, Hasen und Rehkitzchen — ein unvergleichlich anheimelnder, gedeckter Tisch! Die Kleinen können nicht so schnell äsen, wie sie fangen kann, aber ihr Sinnen ist darauf gerichtet, daß sie immer einen gewissen Überfluß vor Augen haben; dadurch sollen sie ihre Abstammung erkennen.

Ihrem alten Uf aber ist dies Wohlleben nicht zum Vorteil! Fett und rundlich ist er geworden, und noch älter und bequemer. Längst hat er aufgehört, Kinderwärterin zu sein und hat sich in seine eigene Privathöhle zwischen einem Haufen großer Steine zurückgezogen. Aber darum hat Strix ihn nicht aufgegeben. Wenn sie in der Dunkelheit der Nacht sein flehendes Rufen hört und begreift, daß er leidet, weil er seinen Hunger nicht hinreichend stillen kann, so fliegt sie regelmäßig mit seiner täglichen Nahrung zu ihm hinab.

Dann aber ereignet sich etwas — — —

Eines Morgens, als sie heimkehrt, sind die Jungen verschwunden. Sie heult leise, sie ruft laut. Sie schreit wild und drohend und sucht. Den ganzen Wald, die Kreuz und die Quer sucht sie ab; sie ist in allen Löchern, Spalten, Öffnungen ... nein, die Jungen sind weg!

War es der große Zerstörer? War es der Marder? Er, der Marder — — — neulich morgens, als sie lange weg war, hat Taa die Gelegenheit benutzt, einen Anschlag zu wagen. Das ist ja ein Leichtes für ihn, da sich der Horst zu ebener Erde befindet! Taa war auch glücklich über die Außenwerke des Horstes gelangt: über die großen Reisigpalisaden, den abgelagerten Kehricht und die vielen Skelett- und Aasteile, aber hinausgekommen war er nicht wieder so glimpflich. Die Jungen hatten ihn nach den uralten Regeln empfangen: sie hatten sich auf den Rücken geworfen und ihm das Gesicht mit den giftigen Krallen zerfleischt. Sie hielten ihn noch in ihren Fängen, als sie, die Alte, heimkehrte. Sie entriß ihn ihnen und in dem Glauben, daß er tot sei, warf sie ihn weit hinaus über den Rand des Horstes.

Aber Taa war noch höchst lebendig. Mit dem Verlust seiner halben Rute, die ihm eines der Jungen in seiner Wut abgebissen hatte, rettete er sich zwischen ein Gewirr von Knabenkraut.

Ha, der Marder, — — nein, diese Baumratte ist es nicht gewesen!

Der Sommerwind murmelt seine melodischen Gesänge, er bildet sich Orgelpfeifen aus Astlöchern, Flöten aus Rindenspalten und gespannte Saiten aus Zweigen und Strohhalmen. Er singt Strix mild und tönend etwas vor, wie er so mancher andern trauernden Mutter gesungen hat.

Und Strix nimmt den Trost an — und vergißt dann schließlich die Jungen!

Als sie sich aber im nächsten Frühling auf ihre zwei rauhschaligen, runden Eier setzt, hat sie sich gegen die Schlechtigkeit der Welt gesichert: diesmal brütet sie hoch oben in einem alten, ausgebesserten Bussardhorst.

Eines Tages kommt ein Mensch durch den Wald.

Es ist ein kleiner, untersetzter Mann mit einer langen Hakennase, die wie ein Hahnenschnabel vorspringt, und mit kleinen, stechenden Augen.

Er hinkt ... kla-datsch klingt es, wenn er geht.

Er hat eine bunte Sportmütze auf dem Kopf und trägt eine dicke, blauschimmernde Joppe. Über der Schulter hängt an einem dünnen Bindfaden eine alte verbeulte Botanisiertrommel. Ein paar Klettersporen, nachlässig in Zeitungspapier gewickelt, gucken ihm aus einer Tasche und aus der andern baumeln die Enden einer selbstverfertigten Strickleiter.

Der Mann ist Leuchtturmwärter auf einem kleinen Leuchtturm weit draußen am Auslauf der Förde. In seiner freien Zeit, oder wenn er die Aufsicht über den Leuchtturm seiner Frau übergeben kann, ist er ein eifriger Trapper — heute ist er auf dem Jagdpfad.

Sein Bezirk reicht so weit, wie der Himmel blau ist.

Im Frühling durchpflügt er alle Wälder nach Raubvogeleiern und alle umliegenden Heiden, Moore und Sümpfe nach andern Vogeleiern. Er begnügt sich nicht mit nur einem einzelnen Ei von jeder Art, nein, er hat Verwendung für mehr und nimmt selten weniger als das vollzählige Gelege. Im Sommer, wenn die Vögel ausgebrütet haben, findet man ihn wieder; jetzt ist er darauf aus, daunige Junge in den verschiedenen Stadien zu beschaffen. Er sammelt nicht für sich selbst, sondern für ein paar große Geschäfte, von denen Schulen, Privatsammler und zufällige Liebhaber unter dem Publikum ihre Versorgung bekommen.

Die Natur soll in die Stube hinein — tot oder lebendig — aber in die Stube hinein soll sie! Auf Kommoden und Bücherschränken, in Naturaliensammlungen der Schulen oder in den Glaskästen der Museen erblickt man die letzten Überreste der ursprünglichen Fauna des Landes; hier steht sie ausgestopft mit starren Glasaugen. Jeder zweite, dritte Vogel, der früher so allgemein war, daß er in die Sagen des Landes verwoben wurde, ist jetzt bald selbst nur noch eine Sage. Sie werden zu Geld gemacht, sie werden aus den Wolken und von den Baumwipfeln herabgeholt, um die Taschen der Leute mit klingender Münze zu füllen, der letzte Adler, wie die unverletzlich erklärten Störche! Die Menschen wollen die seltenen Exemplare besitzen, wollen sie in die Hand nehmen und vorzeigen können.

„Vogelhansen" oder ganz einfach „Vogel", wie er genannt wird, hat sich sein Gewerbe zum Spezialfach ausgebildet, und er verdient in der Hauptgeschäftszeit einen guten Tagelohn damit. Er ist als verwegener unermüdlicher Bursche bekannt, der klug ist in allem, was in sein Fach schlägt — er ruht nicht, bis er seine Beute in der Botanisiertrommel hat.

Als Sohn eines Holzhauers hier aus der Gegend, ist er von Kindesbeinen an gewöhnt, im Walde umherzustreifen. Auf einer Fahrt als Schiffsjunge hatte er in seiner grünen Jugend das Unglück, vom Mast zu fallen und einen häßlichen Bruch des linken Schenkels davonzutragen, was ihm in späteren Jahren die neuerrichtete Leuchtturmwärterstellung draußen am Auslauf der Förde verschaffte. Und Dank seiner Klettersporen und seiner unbezwinglichen Leidenschaft ist er noch immer imstande, selbst in den Wipfel der unzugänglichsten Buche hinaufzugelangen.

Im vergangenen Jahr, als er seinen großen Fang hier im Walde machte und — von den schreienden und fauchenden Hähern geleitet — Strix' zwei possierliche, voll befiederte Junge fand, hatte er in der Nacht zuvor einen Besuch auf ein paar Höfen abgestattet, die in einem kleinen grünen Tal jenseits der Heide lagen. Nach Erkundigung bei einem seiner vielen Bekannten aus der Zeit, als er noch bei den Eltern im Hegemeisterhäuschen am Hochwalde wohnte, hatte er in Erfahrung gebracht, daß sich auf dem Scheunenflügel des südlich gelegenen Hofes ein Storchennest befand. Das war genug für Vogelhansen. In der Dunkelheit der Nacht radelte er die Meile über die Heide und traf um Mitternacht an Ort und Stelle ein.

Er findet den Hof und sieht zu seiner Freude den Storchenvater auf einem Bein, den Kopf unter dem Flügel, auf dem Nestrande neben der brütenden Störchin schlafen. Eine Brandstiege nehmen und sie anstellen, ist ein Leichtes für „Vogel", und da das Nest gerade dort liegt, wo zwei zusammengebaute Flügel sich kreuzen, gelingt es ihm, auf Socken auf das Strohdach hinaufzuklettern.

Der Storchenvater wehrt tapfer sein Nest gegen diesen Räuber, namentlich die Störchin geht scharf vor; sie klammert sich an dem Nest fest und will ihm auf keine Weise gestatten, mit der Hand über den Rand des Nestes zu gelangen. Sie schlägt und hackt ihn in Schulter und Arm, so daß seine Kleider lange Risse davontragen.

Da greift Vogelhansen in die Tasche, zieht eine Flasche mit Ammoniak heraus und schleudert der Störchin ein paar gehörige Schüsse ins Gesicht. Das hilft — wenige Sekunden später liegt das Nest offen da. Fünf glänzende weiße Eier schimmern ihm entgegen, ein volles Gelege!

Schnell zieht „Vogel" einen seiner Strümpfe aus, steckt vorsichtig die Eier hinein und nimmt den Strumpfschaft in den Mund ...

Aber durch das Klappern des Storches ist der Hofhund erwacht, er fängt an zu kläffen und zu bellen: im Wohnhaus wird Licht angezündet und einen Augenblick später klappern Holzschuhe über das Steinpflaster.

Da gilt es, sich zu beeilen! Vogelhansen setzt sich auf seine vier Buchstaben, hält die geraubten Eier mit der rechten Hand hoch in die Höhe und rutscht resolut vom Dach herunter. Aber in der Eile verfehlt er die Leiter, er muß der Sache ihren Lauf lassen — und wie ein Schlitten nach einem Luftsprung saust sein Körper in die Luft hinaus. Da hat er das unverschämte Glück, daß der Düngerhaufen sich gerade unter ihm befindet: er fällt weich — in einen großen Haufen Streu hinein. Er greift nach seinen Schuhen und nimmt Reißaus über die Heide.

Alle Storcheneier waren heil geblieben — er hatte für seine Verhältnisse einen ungewöhnlichen Fang gemacht!

— — —

Jetzt ist er wieder hier in der Gegend.

Ein eifriger Sammler hat ihm einen hohen Preis für die Beschaffung eines vollen Geleges Eier von dem großen Uhu geboten. Für den Sammler gilt es, die Eier zu erlangen, solange der Vogel überhaupt noch vorhanden ist.

Aus seiner Knabenzeit und von seinen späteren zahlreichen Besuchen hier ist der kleine Leuchtturmwärter mit sich im Klaren, wo ungefähr er suchen muß. Er geht geradeswegs nach der Stelle, wo er im vergangenen Jahr das Eulennest gefunden hat und beginnt von hier aus, den Wald in immer größeren Kreisen zu durchtraben.

Er ist eifrig. Dem kurzen Bein wird es schwer, Schritt zu halten, ihm muß mit einem dicken, eisenbeschlagenen Eichenknittel nachgeholfen werden, dessen Krücke so gebogen ist, daß sich der Stock schnell in die Seitentasche einhaken läßt, wenn „Vogel" die Hände frei haben will. Er klopft an die

Stämme und guckt in die Wipfel hinauf, er kratzt an den alten Eichenstubben und jagt den Stock bis an die Krücke unter alle Wegüberführungen und in die alten, mit Laub angefüllten Fuchsröhren.

Strix liegt auf ihren Eiern wie ein Huhn, flach ausgestreckt — mit gesträubten Hörnern ...

Schon aus weiter Ferne hört sie den eigenartigen Gang des Mannes.

Kla—datsch, klingt es, kla—datsch, kla—datsch ...

Als Strix eben flügge geworden und unbekannt mit der Welt war, hatte sie eines Tages ein possierliches Tier im Walde umhertrollen sehen. Es ging auf der hohen Kante und benutzte nur seine beiden hinteren Beine, die beiden andern baumelten an der Seite herab. Wieder und wieder kehrte es zurück, strich mit den Vorderpfoten an den Bäumen entlang und spähte wie ein Hahn in die Wipfel hinauf. Strix hatte beobachtet, daß es eine ungewöhnliche Fähigkeit besaß, die Farbe zu wechseln; bald war der Pelz grau, bald schwarz, bald beides ... es war ein Mensch.

Der Mensch hatte sich ein Nest aus Steinen zusammengetragen, das lag draußen am Waldessaum und nicht weit von ihrem Horstbaum. Sie fand das Nest eines Abends und sah den Menschen hineingehen und vor ihren Augen verschwinden.

Lange Zeit blieb sie draußen sitzen und starrte das Loch an, durch das der Mensch verschwunden war. Er war eine sonderbare Erscheinung, fand sie. Sein Gang und sein Treiben, sein scharfer Geruch erregten ihre ganze Neugier.

Sie konnte es nicht lassen, den Menschen anzusehen, ihm aus der Entfernung zu folgen, sie fürchtete ihn instinktiv, ohne sich erklären zu können, weshalb, fühlte sich aber trotz alledem mächtig von ihm angezogen. Er kam nie in Eile, der Mensch, nie plötzlich überraschend, wie das Raubtier, er trollte gleichsam umher und kümmerte sich nur um sich selbst. Er knöhrte nicht wie der Hirsch, heulte nicht wie der Hund, er quakte im Grunde wie ein großer Frosch.

Nur selten geschah es, daß der Mensch des nachts ausging; geschah es aber, so sah Strix, wie er auf seinen nächtlichen Wanderungen durch den stillen Wald gleichsam zum Narren gehalten wurde. Da ging er und stolperte schwerfällig auf seinen Klumpfüßen und stieß bei jedem Schritt ein Stück Ast in die Erde — kla-datsch klang es, kla-datsch — während es rings umher in der Dunkelheit von neugierigen Tieren wimmelte. Alle kannten sie seine Unterlegenheit!

Der Fuchs lag hart am Wegrande zwischen den Farnen, der Rehbock stand nicht zwei Sprünge davon zwischen den Stämmen, der Marder guckte ruhig unter einem Stein hervor, und das Stachelschwein trabte in seinen Fußstapfen und schnüffelte an seinen klappernden Ballen.

Alle hatten sie ihn lange, lange gesehen und gehört, ehe er vor ihnen stand; alle wußten sie, daß er in der Dunkelheit blind und taub war. Stand er aber plötzlich still, so erfaßte die ganze Schar ein Schrecken; Strix hörte sie davonstürzen, und sie empfand selbst ein sonderbar beklemmendes Gefühl im Halse.

— — —

Dasselbe beklemmende Gefühl stellt sich jetzt wieder ein, als sie plötzlich das Kla-datschen unter sich hört und den Menschen zwischen den Stämmen auftauchen sieht.

Sie dreht den Kopf ganz nach ihm herum ...

Aber was soll sie fürchten?

Sie hat ja ihren scharfen Schnabel und ihre spitzen Fänge; noch nie haben diese beiden mächtigen Waffen sie im Stich gelassen, wenn Not am Mann war; die Fänge greifen fest zu und bohren sich ein Loch da, wo sie anpacken — und der Schnabel gibt den Fängen nichts nach.

Und dann hat sie ja die Flügel.

Wie sie hier so im Baum liegt und auf die Erde hinabsieht, fühlt sie sich dem großen, lächerlichen Tier unendlich überlegen; sie kann sich ja von ihm weg emporschwingen und ihn unter sich kleiner und kleiner werden sehen. Auch das ist gleichsam eine Befreiung!

Nein, was soll sie fürchten! Sie hat den Übermut und die Sicherheit aller großen Vögel, sie besitzt den Glauben an sich selbst und das Vertrauen zu den eigenen Fähigkeiten und Kräften.

Da auf einmal fängt ihr Horstbaum an zu zittern und zu beben. Sie hört, wie sich große, gehörnte Krallen einen Weg am Stamm hinauf bahnen.

Sie preßt sich fester auf ihre Eier, rollt mit den Augen und faucht wie eine Kröte.

Die Krallen kommen näher und näher — und machen dann plötzlich unter ihr Halt. Da fängt sie an zu jammern und zu klagen wie eine Bruthenne und stößt eine Reihe tieftönender Aah — Aah aus ...

Dem Leuchtturmwärter klingt es, als klage ein todkranker, leidender Mensch.

Das Herz pocht in ihm! Wenn jetzt nur Eier und keine Jungen im Nest sind, ist er seines Fanges so gut wie sicher. Er zieht seine Strickleiter heraus und befestigt sie an einem Zweig.

Da tönt es plötzlich wie ein Tju vor seinem Ohr. Die Mütze fällt ihm ab und drei lange tiefe Risse, aus denen Blut hervorquillt, zerfetzen ihm die Wange.

Es ist Strix, die jetzt angreifend zu Werke geht; endlich ist ihre Geduld erschöpft.

Aber da gibt's kein Erbarmen! Auch auf diese Möglichkeit ist Vogelhansen vorbereitet; er wirft seinen Rock über den Kopf und zieht einen alten Fechthandschuh über die rechte Hand — dann betäubt ein halber Liter Ammoniak den Uhu, und es gelingt ihm, das Nest zu plündern.

Strix fliegt in der Verwirrung eine Strecke über den Wald hin und fällt dann ohnmächtig zwischen den Bäumen nieder.

Als sie aus der Betäubung erwacht und hustet und nach Atem ringt, steht das Hahnengesicht des Leuchtturmwärters mit den kleinen stechenden Augen noch immer vor ihrem inneren Blick. Die Augen starren sie gieriger an als die der Füchse, wenn sie, neidisch auf ihren Fang, geifernd um sie herum sitzen, und sie sind grausamer und berechnender kalt als der Blick, den ihr Taa an jenem Tage zuschleuderte, nachdem sie ihn unversehens aus den Klauen der Jungen errettet hatte. Und gegen ihr Trommelfell hämmert es: Kla-datsch, kla-datsch! ...

Die Fußtritte kann sie nie wieder vergessen!

Später legte sie noch einmal und lag getreulich wochenlang brütend auf einem einzigen, erbärmlichen, kleinen Ei.

Aber, woran es liegen mochte — aus dem Ei wurde nie etwas anderes als die Schale.

3. Der geflügelte Wolf

Das Flammengelb des Sonnenuntergangs stand noch am Himmel! Es spannte seinen Brandgurt um die Erde und ließ ihre pechschwarzen Haarsträhnen sich sträuben. Es entschleierte am Horizont einen großen Wald, meißelte das Kuppelgewölbe der Buchen aus und schliff den Sägezahnrand der Tannen blank.

Drinnen im Walde, tief unten zwischen dem welken Laub, sitzt Strix auf einem bemoosten, halbverfaulten Baumstumpf.

Vor ihr, den Oberkörper halb auf den Baumstumpf hinauf, hält eine kleine, schreckgelähmte Maus sich in verzerrter Stellung, sie zittert und bebt am ganzen Leibe.

In ihrem Kampf ums tägliche Brot ist die Maus in die Nähe des Baumstumpfes gekommen, und in der Hoffnung, in dem faulen Holz einen Käfer zu finden, ist sie, ohne Böses zu ahnen, hinaufgehuscht, als sie plötzlich, gerade glücklich über den Rand gelangt, einem Paar großer, rollender Lichter begegnete.

Im selben Augenblick ist sie an den Fleck genagelt.

Alle ihre Kräfte, all ihre Energie und ihr Wille haben sie verlassen; schreckgebannt und verloren sitzt sie da, zu regungslosem Verharren hypnotisiert.

Der böse Zaubervogel sieht und sieht das erstaunte, kleine Wesen nur mit seinen glühenden Lichtern an, dann erhebt er ruhig seine Marterfänge und krallt sie um die Maus.

Zappelndes Leben kommt in das dem Tode geweihte Tierchen, als die Fänge von allen Seiten ihre Hornmesser in seinen Leib hineintreiben.

--- --- ---

Strix liebt Mäuse — und jetzt, wo sie für den Rest des Sommers nur Uf und sich selbst zu versorgen hat, gibt sie sich gern dem zeiterfordernden Mäusefang hin. Nur auf diese Weise ist es ihr nämlich möglich, die kleinen Kerle zu fangen: die Leckerbissen verschwinden wie Krumen zwischen ihren groben Fängen.

Die Frösche sangen ihre bubbelnden, quakenden Gesänge ... sangen so innig und mit einer eigenen überzeugenden Kraft! Sie brachten in ihrer Sprache das Lob des Mitsommerabends zum Ausdruck und wetteiferten, wer das am betörendsten zu tun vermochte.

Einige knarrten wie altes Holz im Sturm, andere krachten wie das dürre Reisig des Waldes, wieder andere glucksten, gurgelten und bubbelten die Töne heraus — es klang nach Eisschmelze und Platzregen, nach Rieseln in Entwässerungsröhren und Gräben.

In den Pausen aber ließ die Rohrdommel sich hören! Eigentlich hatte sie die ganze Zeit gesungen, sie hatte sich nur kein Gehör verschaffen können — jetzt dröhnte die Luft von ihren spröden, dünnen Tönen, bis die lebendigen kleinen Nußknacker von neuem begannen.

Still! Still! Alle Frösche im Walde wurden auf einmal stumm —: ein großer Vogel strich mit weichem Flügelschlag lautlos über das Wasser.

Strix untersucht den Saum des Röhrichts ...

Langsam läßt sie sich über Wasserlachen und Wasserrosen dahingleiten, über die Schilfpflanzen im Sumpf, wie über das Wollgras am Ufer entlang; tief, mit hängenden Fängen flattert sie dahin und guckt zwischen die Erderhöhungen hinab. Wildenten und Bläßhühner suchen schleunigst ihr Versteck auf ... es plätschert und spritzt um sie her.

Der Waldsee hat ihr nichts geliefert!

So muss sie denn eine ihrer andern Fangstellen aufsuchen.

— — —

Weit draußen am Waldessaum, am Rain, steht eine kleine, verkrüppelte Eiche; ein dürrer Zweig ragt aus der Mitte ihres Stammes auf: dicht über dem Zweig bildet der Stamm einen Knick, biegt sonderbar ungeschickt ein und wird hohl im Rücken wie eine Elfe.

Ein stark begangener Wildwechsel läuft gerade unter der Eiche hin. Zu beiden Seiten des Waldrains und an seinen Abhängen hinauf wächst dichtes Schlehdorngestrüpp, oben dahingegen ist er nackt und kahl.

Der Wechsel führt das Wild nach dem Felde und wieder zurück. Er läuft erst durch den einen Schlehentunnel, dann über den Wall hinauf und weiter durch den zweiten Tunnel. Wenn nun der Hase oder das Rehkitz, das Wiesel oder der Marder dem Wechsel folgen und in das schirmende Dornengeflecht hineinschlüpfen, machen sie gern einen Augenblick halt, um zu verschnaufen.

Aber sie nehmen sich nicht in acht vor dem kleinen Stück offenen Walles; die müden Wanderer trippeln noch, wenn sie gemächlich und sorglos über den Rand des Knicks gleiten.

Dieser Umstand ist gerade die Pointe des Fangplatzes, er verleiht ihm Ruf und Anziehungskraft!

Kein Habicht oder Bussard kann sich im Walde niederlassen, der nicht früher oder später den Weg zu diesem Lauerplatz findet. In früheren Zeiten ist hier manch' ein Kampf zwischen Strix' verblichenen Vorfahren ausgefochten. Die streitbaren Uhumännchen haben um ihr Leben gekämpft und die Fänge oft derartig ineinander geschlagen, daß sie zu einem Klumpen verfilzt tot unter dem Baum gelegen haben.

Es ist schon spät am Abend, als der dürre Eichenzweig kracht unter den Fängen der großen Horneule! Sie faltet die weichen Daunenflügel zusammen, und verkriecht sich in die Krümmung des Stammes, so daß ihr Kopf die Höhlung ausfüllt. Sie ist ganz unsichtbar ...

Das Flammengelb des Sonnenuntergangs ist nicht mehr am Himmel sichtbar! Die Kuppelwölbung der Buchen, den Sägezahnrand der Tannen hat die Nacht verschlungen; es ist düster und unheimlich im Wald wie in einer Höhle.

Aber für Strix ist es noch heller Tag.

Jetzt sieht sie die Welt in ihrer Beleuchtung, so wie sie sie schon als ganz kleine Eule gekannt hat! Des Tages blendet sie sie oft häßlich — da hat sie einen dreidoppelten Farbenbelag — und es kann vorkommen, daß sie Sonnenstich und Farbenkolik bekommt, so daß sie sich verirrt, wenn sie in ihr Nestloch hineinfliegen will.

Des Nachts dahingegen irrt sie nie in bezug auf irgendeinen Zweig! Sie sieht das Spiel in den Augen der Mäuse, sie sieht die Kröte, wenn sie über den Weg kriecht, sieht die Schnecke und den Wurm, wenn sie sich durch das Gras schleichen, sie sieht den Tanz aller Nachtfalter! Sie sieht deutlich die Mücke, die die Fledermaus fängt. — In der Nacht beherrscht sie alles!

Vor ihr breitet sich die Erde baumlos und offen aus, mit Feldern und Wiesen, Moorstrecken und Heideflächen. Der Tau spielt über Gras und Kräutern, rollt an Stengeln und Halmen herab, und legt sich in Haufen auf die Blumen.

Es strahlt und schimmert da draußen! Aber das Grün ist nicht scharf wie am Tage und das Weiß und das Rot empfindet man nicht wie Wind im Auge ... die Farben der Nacht sind alle so zart und milde!

Nun beginnt das Leben auf den geheimnisvollen Wechseln. Das welke Laub der Waldwege bibbert und bebt, ein vereinzelter, dürrer Zweig wiegt sich auf und nieder. Da unten wandern die Mäuse! Eine Ricke mit ihren Kitzen kommt ganz oben zum Vorschein; sie stehen lange und winden — setzen dann in ein paar Sprüngen über den Waldrain hinweg. Der Fuchs maust am Gehege entlang und äugt verstohlen nach den Rehkitzen; das hinterste, findet Reinecke, ist ein etwas ausgelassener, kleiner Kerl!

Aber es sind alles Wanderer, die andere Pfade geschritten und durch andere Tunnel gegangen sind, als den, welchen Strix bewacht.

Da hört sie Blätter krachen, Zweige knacken ... auf dem Wechsel unter ihr ist jemand. Tripp, trapp! Tripp, trapp! das ist ein Hase ...

Hasen waren in früheren Zeiten ihre tägliche Speise; damals, als der Wald noch Hasen genug hatte, verbrauchte sie ein paar Hundert im Jahr; jetzt muß sie sich mit bedeutend weniger begnügen und Jungfüchse und Dachswelfen zur Aushilfe nehmen.

Der Hase macht auf dem Wechsel dicht vor dem Tunnel Halt.

Er setzt sich und lauscht — er hebt sich ganz auf die Hinterläufe ... die Augen stehen ihm starr im Kopf, während der Windfang mit der tiefen Hasenscharte in der Lippe sich fortwährend rund herum bewegt. Strix kann mittels des Gehörs ihren kleinen Lampe auf der ganzen Reise verfolgen! Sie hört, wie er aus seiner aufgerichteten, kundschaftenden Stellung die spitzen Vorderläufe wieder an die Erde setzt, hört seine kräftigen Lungen arbeiten, seine Nüstern sich blähen — o, wonniger Laut! — hört seinen Magen schreien und die Gedärme vor Hunger rummeln. Da weiß sie, daß sie nicht vergeblich gelauert haben wird.

Und dann geht es, wie es gehen soll!

Der Hase hoppelt sorglos und sicher durch den ersten Schlehentunnel — und sorglos und sicher kommt er heraus; er will weiter über den Waldrain in seinem Tripp, Trapp-Gehüpfe, als sich plötzlich etwas wie eine schwarze, warme Wolke auf ihn senkt. Ungeahnt taucht Strix aus der Finsternis auf; auf ihren Wollflügeln kommt sie — von hinten.

Sie kommt mit dem lähmenden Schrecken, der die Folge jeglicher Überrumpelung ist, und wird erst sichtbar, als sie sich in greifbarer Entfernung von ihrer Beute befindet.

Der Hase wird in beiden Flanken gepackt, und so gewaltsam ist das Hineinhauen, daß die Fänge der Eule sich in der Brust begegnen. Er stößt einen Schrei aus, im nächsten Augenblick sitzt ihm etwas wie ein Krummesser im Nacken; der Hase hat noch so eben Zeit zu dem Gedanken: So, da bist du offenbar auf die Dornen gelaufen! dann weiß er von nichts mehr, er zappelt mit den Hinterläufen und streckt die Drossel ... die gelben Lichter starren steif in den Raum hinein.

Strix geht in der Dunkelheit der Nacht mit gesenktem Kopf, mit krummem Buckel und gesenkten Flügeln auf ihr Opfer zu, und sie walzt vor Äsungslust um den armen Hasen herum. Dann pflanzt sie die kreuzförmigen Fänge auf ihn, knappt mit dem Schnabel und öffnet ihren mächtigen Schlund. Sie zerschneidet Brustbein und Knochen ... es kracht und knackt in dem

Hasenleib; große Stücke gleiten mit Haut und Haar hinab, während lebenswarmes Blut ihre Schwungfedern befleckt und sich in ihren Schnabelwinkeln und in den gelben Fängen festsetzt.

Sie ist ganz satt —— aber noch steht ihr der größte Genuß bevor. Sie fliegt auf ihren Ast hinauf und sitzt da und starrt und sieht auf den toten Hasen hinab, als wolle sie ihn noch einmal mit Grauen erfüllen. Stundenlang kann sie so sitzen, und wie ein Geizhals unverwandt und grübelnd auf ihren Überfluß hinabstarren — bis sie dem herzzerreißenden Geheul ihres alten Gatten, der nach Nahrung schreit, nicht länger widerstehen kann.

Da ruft sie ihn — und wollüstig schlingt Uf die blutigen Überbleibsel herunter.

— — —

Nacht aus, Nacht ein erlegt Strix die Nahrung für sich und Uf an dieser alten Fangstätte. Dann, eines schönen Abends, versiegt plötzlich der Zulauf. Die Stelle ist abgefangen, Strix hat alles erlegt, was auf dieser Seite des Waldes herausgeht.

Da muß sie eine neue Taktik versuchen — oder sich auf lange Zeit anderswohin begeben.

Es ist mondhell! Blaßgrün scheint die Strahlenfülle der Himmelslaterne auf den Wald hinab. Ein alter, abgestorbener Gespensterbaum auf einem Werder draußen im Moor tastet mit seinen eingeschrumpften Zweigen flehend zum Himmel empor, er versinkt wie im Wasser — der Rest des Murrkopfes ist im Nebel verborgen. Die schlanke Weißbirke tritt als Elfe aus dem Nebelgebräu der Moorhexe hervor und umspringt tanzend den Baum.

Ein Mensch würde das Bild so sehen —— und er würde sein Herz klopfen fühlen unter dem Druck seiner Phantasie; er würde sich erdrückt fühlen von der Mystik des Waldes, von der eigenartigen Beleuchtung der einsamen Umgebung.

Aber Strix hat keine Phantasie, mit der sie zu kämpfen braucht; für sie ist der Wald zu nächtlicher Zeit eine Freistätte, ein Heim; sie ist vertraut mit jedem Bilde, mit jedem Laut — und verkrüppelte, rindenlose Aststücke oder verschleierte Birken haben, trotz der Gaukelkünste des Nebels, keine Zauberkraft, kein Leben für sie.

Bald wird der Mond gelb; er ist seinem Untergang nahe! Grau, aber mit einer Ahnung von Rot und Klarheit, hängt die Dämmerung schon über dem östlichen Horizont. Es murrt da unten, es wimmelt von Licht unter der dunkeln Decke, wie es unter einem Waldboden von Mäusen wimmelt.

Da kommen die Hasen mit Müdigkeit in den Augen, mit dem Bedürfnis nach Ruhe in den matten Gliedern; geräuschlos huschen sie auf ihren Hexensteigen durch das Korn, sie wollen in den Wald hinein und sich setzen. Sorglos hüpft Lampe auf seinen weichen Ballen und mit hochgekniffenem Bauch, um nicht naß zu werden, denn der Tau spritzt hoch von dem Grase.

Strix thront auf dem Fangzweig. Sie saß dort gestern Abend und auch vorgestern Abend — aber ohne Ergebnis; die Fangstelle ist ihr nicht freigiebig.

Die Hasen sind scheu und mißtrauisch geworden. Sie benutzen den hundertjährigen Wechsel nicht mehr; der Steig betrügt, das haben sie entdeckt — sie schlagen andere Wege ein, die ihn weit umgehen.

Da nimmt Strix ihre Zuflucht zu der Stimme!

Sie beherrscht ein ganz ungewöhnliches Instrument! Sie kann die Stimme so tief tönen lassen wie nur ein Baß, und eine Reihe hohler, posaunenartiger Töne entsenden; aber sie kann auch in die Höhe gehen und ein scharfes, gellendes Geheul anstimmen.

Ein heimliches Schaudern, ein stilles Grauen geht durch alles Lebende des Waldes, wenn sie des Nachts ihre mächtige Stimme ertönen läßt ... die kleinen Vögel rings umher in den Nadelfestungen des Tannendickichts weichen tiefer hinein zwischen die schirmenden Zweige, der Buntspecht und das Eichhörnchen ducken sich tief in ihre Astlöcher, ja, selbst der Marder hält inne in seiner nächtlichen Jagd, wenn er die unharmonische Verkündigung seines großen Nebenbuhlers hört. Den Fall gesetzt, die Eule wäre hungrig, und nähme, was ihr in den Weg käme, da würde Taa in ihrem Rachen verschwinden wie eine Ratte!

Mit viel Mystik hat die Natur sie begabt. Ihr lichtscheues Treiben, die Farbe ihres Federkleides, ihr Bedürfnis nach Einsamkeit hat ihr seit undenklichen Zeiten das Mißtrauen der Menge zugezogen — auch über ihrer Stimme liegt etwas, das mystisch und eigenartig wirkt.

Es steckt ein Stück Bauchredner in Strix; wenn es ihr paßt, kann sie teuflisch mit ihrer Stimme täuschen — niemand kann danach beurteilen, wo sie sitzt. Sie kann brüllen wie ein Stier, heulen wie ein Wolf, miauen wie eine Katze oder in ein schallendes Gelächter ausbrechen wie ein wahnsinniger Mensch.

Jetzt heult es tief drinnen aus dem Walde! Es klingt schwach und fern, als kämen die Töne von weit her.

Der Hase auf dem Felde fühlt sich sicher und glücklich dabei und doch — — sitzt sie da, die große, rotäugige Fängerin, dicht hinter dem Waldessaum. Huu — Huu — Huu ... bis in die Unendlichkeit hinein kann sie so fortfahren. Die Geduld ist ihr angeboren. Eine Viertelstunde nach der andern kann sie so dasitzen und vollkommen von ihrem Hinterhalt in Anspruch genommen sein. Huu — Huu — Huu ... eigentümlich hohl und dumpf klingt es; wer ihr etwas anhaben will, folgt dem Klange der Stimme und glaubt, daß er sie die ganze Zeit vor sich hat, aber er geht und geht und ist ihr beständig gleich nahe.

Huj — Huj ...! auf einmal wechselt Strix die Betonung und unerwartet nahe, so wie der Schrei jetzt klingt, bringt sie den verwirrten Hasen dazu, angsterfüllt ein Versteck zu suchen. Bald brüllt sie, als sei sie hinter ihm, bald, als hinge sie gerade über ihm; der Hase gerät von Sinnen und schlüpft schleunigst auf den alten, lieben Weg — auf den Todesweg — um die Sicherheit und den Wald aufzusuchen.

Da stößt sie aus der Dunkelheit heraus und herab auf das kleine Langohr, in demselben Augenblick, als es den Kamm des Walles erreicht. Aeee, klagt der Ärmste, Aeee, Aeee ... und wild und trübselig schreit der Hase sein Leben aus.

Ungerufen erscheint Uf — — und hinter ihm drein wimmeln alle Füchse herbei; ein Hasenschrei lockt sie, wie der Magnet Eisenteilchen anzieht. Sie kommen von weit her, wie an der Nase herbeigezogen und sitzen da und geifern, während die beiden großen Uhus in aller Ruhe ihre Mahlzeit verzehren.

Es kommt wohl vor, daß ein heißhungriger, mutiger Reinecke sich mit den Lefzen heranwagt, da rollt Strix ihr Federkleid auf, sie sträubt jede Daune und wird unheimlich groß, dann knappt sie mit dem Schnabel und zündet Feuer in den roten Lichtern an.

Hu — u —, heult sie ... Nase weg!

Strix ist ein großer Räuber, ein mächtiger Jäger! Sie ist ein Meister in allen anwendbaren Jagdmethoden. Sie jagt ihre Beute offenkundig, verfolgt sie auf der Flucht, und streicht darüber hinweg, oben in der Luft, durch den Wald. Oder sie bedient sich des weniger anstrengenden Hinterhalt-Verfahrens, hüllt sich in den Schleier der Dunkelheit oder der Dämmerung und setzt sich vermummt als Baumstamm oder als Erderhöhung auf die Liebessteige oder die Futterplätze des Kleinwilds. Der jagende Fuchs knirscht oft mit den Zähnen vor Wut über sie; er nennt ihr Jagdverfahren, „dem Wild das Leben stehlen". Hah! still dasitzen und lauern und aus der Luft niederschlagen auf eine arme, nichts ahnende Beute, hah! das kann jeder! höhnt der Fuchs in seiner Sprache.

Sie sind neidisch auf sie, alle, die zu Fuß jagen! Fuchs und Marder, Iltis und Dachs; sie hassen sie instinktmäßig, fürchten aber ihre Fänge.

4. Das neue Gelege

Dicht fallen die Blätter im Herbst ...

Dichter noch, als der Oktober herannaht ...

Überall in den Wäldern wird es welk und kahl!

Und dann im November folgten die vermoderten Zweige, und das Regenwasser trieb in Strömen an den Stämmen herab. Die letzten Motten und Nachtschwärmer ertranken und lagen mit ihren nankinggelben Flügeln auf dem Waldboden und trieben auf den Wasserlachen.

Der Dezember kam — und der Schnee!

Dann brütete der Winter über dem Lande —

Jetzt haben die Märzstürme getobt und die Aprilschauer gespült — Hagelwolken haben mit Sonne am Himmel gewechselt, die Schnepfe ist hier gewesen, die Anemonen stehen in Blüte:

Es ist Frühling und die Hochwälder strahlen von Mai!

Strix und Uf haben wieder den Horst voll Junger: sie liegen versteckt unter einer kleinen Tanne an einem Hügelabhang.

Uf hat die Stelle als Kinderwärterin noch nicht angetreten. Die Jungen, die vor kaum vierzehn Tagen aus dem Ei gefallen sind, werden vorläufig von Strix betreut und liegen wie lebendige Eidotter zitternd unter ihr. Sie ist so zärtlich mit diesen Jungen, zärtlicher als sie je mit ihren früheren Jungen gewesen ist — und sie bewacht sie mit nie ermüdender Fürsorge.

Keines Habichts gellende Paarungsfanfare, keines noch so starken Fuchsrüden heftiges Bellen duldet sie innerhalb ihres Bereichs. Und die Menschen — die bekommen nur schwer Erlaubnis, den Wald zu betreten!

Eines Morgens jagt sie einem biederen Bauersmann einen gehörigen Schrecken ein ...

Er kommt in seinem Einspänner gefahren, um das Holz zu holen, das er im Walde gekauft hat. Während er gemütlich dahinzuckelt, sieht er plötzlich einen braunen Vogel aus dem Dickicht brausen, durch das der schmalspurige Weg führt. Der Vogel ist groß, und er setzt sich ohne weiteres auf das Pferd und fängt an, ihm gewaltig um Maul und Ohren zu schlagen. Das Pferd macht Kehrt und geht durch; und der Bauer hat seine liebe Mühe, es wieder zu bändigen, denn fortwährend streicht ein schwarzer, unheilverkündender Schatten über das Fuhrwerk hin und heult so bestialisch wie der Teufel in eigener Person.

Und noch schlimmer wird es, als die Jungen erst Form annehmen, als die Daunen aus ihren weißspieligen Federposen herausquellen und sie anfangen, die nackten Hälse zu drehen. Jetzt hat Uf seine Arbeit als Wärmflasche angetreten, so daß Strix mehr Zeit zur Verfügung hat.

Sie ist auf dem besten Wege, eine Fabel für die ganze Umgegend zu werden. Sie fängt wie gewöhnlich ... holt Ratten aus den Dörfern und Rebhühner von den Feldern, aber es macht ihr immer mehr Mühe, Futter für ihre heißhungrigen Jungen und ihren nicht minder heißhungrigen, alten Gatten zu schaffen. Ihr großes Bereich ist in den letzten Jahren merklich magerer geworden; der Hasen und Birkhühner sind weniger — nur die Menschen haben zugenommen.

Dafür hat sich hier und da einer von den bunten Vögeln mit den langen Stößen von den Gütern drüben auf der andern Seite der Förde gezeigt — und eines Morgens taucht ein neuer, großer Auerhahn auf.

Es dämmert am Horizont ... schüchtern schlägt der Zaunkönig seinen ersten, schmetternden Triller, dann hält er inne — er ist zu früh aufgestanden!

Ein Birkhahn kullert ein vereinzeltes Mal draußen am Waldessaum — und alles wird wieder still wie zuvor. Nur die Morgenbrise seufzt und stöhnt in den Baumwipfeln ...

Da setzt ein Auerhahn mit seinem scharfen Tju-it ein!

Strix sträubt die Hörner.

War das ein Traum, der Lenzruf des großen Hahns? Sie sieht diesen großen Vogel ja sonst nie.

Von neuem ertönt der durchdringende Ruf, es ist kein Schrei und kein Flöten, und doch schallt es weit durch den Wald.

Strix verläßt den Horst und fliegt davon, der Richtung folgend.

Bald ertönt der Kampfruf eines andern Auerhahns — und nun kämpfen die beiden großen Hähne gleichzeitig mit einem Schwall von Kraft.

Sie hört vor sich Flügel schlagen und krachen. Ausgebreitete Federfahnen in breiten Flügeln hauen mit donnerähnlichem Getöse gegeneinander. Sie ist früher in solchen Augenblicken ein erfolgreicher Jäger gewesen und hat sich der Kämpfenden Mangel an Aufmerksamkeit zu Nutzen gemacht — lautlos schaukelt sie über dem Walplatz ...

Es ist noch dunkel in der Kronenwölbung und dunkel ist es auf dem Erdboden. Von weit her aus der Heide vernimmt sie das Trillern der Lerche und das dumpfe Trommeln der Birkhähne. Hier drinnen bullern rucksende Holztauben auf: Ku-kuu, ku-kuu!

Sie fliegt in eine Tanne hinein und setzt sich zusammengekauert hin, mit gesträubten Hörnern und funkelnden Lichtern.

Das frische Balzspiel beginnt von neuem ... tief und klangvoll tönt es aus der Kehle und rollt in den dämmernden Morgen hinaus. Längst hat sie den Vogel entdeckt. Ihr scharfer Blick erkennt deutlich den Glanz seiner Federn und das rote Eberschenbüschel über jedem Auge. Mit stolzer Haltung, mit gefächertem Stoß und gekrümmtem Hals stolziert der schwarze Hahn auf seiner kleinen Lichtung umher; um seinen Nebenbuhler zu übertrumpfen, ist er nahe daran zu platzen. Auf einmal macht er einen mächtigen Sprung, und indem er die Flügel krachend vor der Brust zusammenknallt, stößt er gerade unter Strix nieder und stimmt einen Schlußgesang an, noch feuriger, als bisher.

Jetzt kann sie nicht mehr an sich halten; als sei sie ein neuer Hahn, geht sie auf das Balzen ein.

Mit gesträubten Halsfedern, mit schleifenden Flügeln, den Stoß gespreizt wie ein Rad, fährt der Auerhahn auf ihn ein. Er knappt mit dem Schnabel. Seine dicke, feuerrote Augenhaut schwillt und die Augen glühen vor Wut.

Da entdeckt er seinen Irrtum — Strix läßt auch ihre Fanfaren ertönen! Er hätte sich verteidigen sollen, der schwarze Puter! Er hätte es wohl gekonnt! Er ist eben so groß wie der Uhu und hat Hiebkraft in seinem Schnabel und Kratzgewalt in seinen Krallen, aber Strix' Heulen ist nicht auf seinen Kammerton gestimmt — der Auerhahn ist gleich bereit zur Flucht.

Strix fährt ihm indessen an die Kehle, ehe er Kehrt gemacht hat — und wie ein Federbündel rollen sie am Erdboden herum.

— — —

Strix machte reiche Beute an diesem Morgen!

Aber sie war nicht imstande, den Hahn nach Hause zu schleppen; sie muß sich damit begnügen, große Stücke Brust zur Zeit zu nehmen.

Uf schwelgte und schmatzte mit der Zunge ...

Strix hätte sich ruhig verhalten sollen!

Sie hätte nicht auf den Bauer einfahren und auf die alten, friedlichen Weiber, die Reisig im Walde sammelten — als dergleichen wird ruchbar und kommt schnell einem kleinen, unternehmenden Waldhüter, Pist Lak zu Ohren. Als dann der Waldhüter eines Nachmittags draußen in den Tannen auf den seiner Brust beraubten großen Auerhahn stößt — ausgesetztes Wild, womit die Menschen sich bemühen, die Verheerungen wieder gut zu machen, die sie unter der Fauna des Landes anrichten — da wird es ihm nicht schwer, zusammenzuzählen und auszurechnen.

Er läßt „Vogel", den großen Agenten benachrichtigen, dessen kleiner Unteragent er, Pist Lak, sein Lebelang gewesen ist — und sobald der Leuchtturmwärter wieder einen freien Tag hat, macht er sich auf die Wanderschaft. In diesem Jahre will er Junge haben, und zwar am liebsten lebende. Er hat Bestellung auf so viele junge Uhus, wie er nur beschaffen kann, für Tiergruppen ringsumher in sogenannten „Zoologischen Gartenanlagen", diesen modernen Naturparks, die reiche Leute zur Zerstreuung und Belehrung auf ihren Landsitzen einrichten lassen. Mindestens fünfzig Kronen sind dabei zu verdienen, d.h. Pist Lak soll ja zehn davon ab haben; aber die kann er ihm ja vorläufig schuldig bleiben!

An dem Tage nach Feierabend, wo „Vogel" und Pist Lak — wohl ausgerüstet zu ihrem gefahrvollen Unternehmen, mit Pferdedecken und ein paar langen Stäben — ausgezogen sind, um den Eulenhorst zu suchen und ihn auch finden, fügt es sich so, daß die beiden Alten abwesend sind. Strix besorgt die ihr obliegenden Geschäfte; sie ist auf Raub aus — die Jungen, die jetzt fast flügge sind, belegen ihre Arbeitskraft voll mit Beschlag.

Uf dahingegen ...

Uf ist wohl niemals ein wirklich zärtlicher Vater seinen Kindern gegenüber gewesen, mag es nun sein, weil er alt ist, und es ihm an Körper- wie Herzenswärme gebricht, oder weil er seine unwirksame Kinderwärterinstellung satt hat. Ihm liegt es ja ob, die Kleinen zu füttern, den Marder fernzuhalten und sie von den großen, häßlichen Zecken zu befreien, die sich gern an ihren Augen festsaugen wollen. In diesem Jahr ist er aber auffallend nachlässig gewesen, hat seine Pflichten auf die leichte Achsel genommen und sich nicht gescheut, in seiner Gier und Eigenliebe, häufiger als sonst, den Löwenanteil des zugetragenen Fraßes an sich zu raffen.

Strix liebt ja Mäuse — und die Jungen sind natürlich ganz wild auf diesen Leckerbissen! Deswegen hat Strix dafür gesorgt, daß sie so viele Mäuse bekommen haben, wie sie nur in sich hineinpfropfen konnten. Sie haben Mäuse als Morgenimbiß, Mäuse als Mittagessen und Mäuse zur Abendmahlzeit bekommen — Strix hat nicht begreifen können, daß nicht die Kleinen der Mäuse längst überdrüssig geworden sind, so wie das der Fall zu sein pflegte, wenn sie zuviel von anderem Raub bekamen. Da entdeckt sie eines schönen Nachts, daß Uf, wenn sie fortflog, alle Mäuse verzehrte. Das wäre allenfalls noch gegangen!

Aber neulich Nachts, nachdem längere Zeit Schmalhans geherrscht hatte, überrascht sie ihn dabei, wie er einem seiner eigenen Kinder gegenüber die rauhe Seite herauskehrt. Ja, es konnte kein Zweifel darüber herrschen — er wollte das Junge kröpfen!

Da fuhr sie auf ihn los! Er wurde gerüttelt und verprügelt. Es sang in seinem alten, mürben Gerippe — und wo Strix' Flügelknochen hintrafen, entstanden blutunterlaufene Flecke.

Als wollte er vortäuschen, daß er bei seiner schwarzen Missetat einen Augenblick des Verstandes beraubt gewesen sein müsse, starrte er sie mit einem erstaunten, halb blödsinnigen Ausdruck in den alten, listigen Augen an, aber Strix brachte ihn schnell auf andre Gedanken; er bekam noch eine Tracht Prügel, so daß er unter der gewaltsamen Behandlung seiner handfesten Eheliebsten ganz fürchterlich jammerte und klagte.

Hinterher stellte er sich sehr zerknirscht und voller Reue und machte sich ganz klein und fuchsschwänzlerisch, während er um ihre Verzeihung bettelte. Aber es half alles nichts — er wurde aus dem Horst verwiesen und hat sich seither selbst seine Nahrung suchen müssen.

— — —

Pist Lak und „Vogel" wird es doch nicht so ganz leicht, die Jungen zu bewältigen. Die kleinen Teufel empfangen sie genau so, wie ihre Geschwister in früherer Zeit den Marder Taa empfingen; sie werfen sich auf den Rücken und reißen und kratzen mit den scharfen Hornkrallen um sich. Obwohl die Pferdedecken über sie geworfen werden, muß der stinkende Ammoniak mehrmals zu Hilfe genommen werden und seine betäubende Wirkung ausüben.

Als Strix endlich mit einer fetten, braunen Ratte in den Fängen heimkehrt, wird ihr ganzer Kopf fast zu Augen. Uf kann sich glücklich preisen, daß er nicht in der Nähe ist, sonst würde die Reihe, gefressen zu werden, jetzt wohl an ihn kommen.

Sie scharrt in dem Horst herum, wendet Reisig und trocknes Laub wieder und wieder um, bis ihr auf einmal ein eigentümlich ätzender Gestank in die Nase steigt. Ihre Lichter füllen sich mit Wasser — sie schnappt nach Luft ... Da sieht sie vor sich den Anblick vom vergangenen Jahr: das hakennasige Gesicht des kleinen Leuchtturmwärters mit den stechenden Augen starrt sie wie durch einen Nebel an, und in ihren Ohren dröhnt es: Kla—datsch, kla—datsch ...

Die Nacht hat in den Tannen gelegen und in den Tag hinein geschlafen. Sie hat Ihre ganze Energie nötig gehabt, um die Augen geschlossen zu halten, denn die Sonne, die seit Tagesgrauen gebrannt hat, rumort auch hier und peinigt und plagt sie mit ihren Lichtstrahlen.

Aber die Nacht ist wie ein Mann mit Willenskraft. Schlafe nur! hat sie gesagt — und geschlummert.

Jetzt ist die Sonne in einem Sack untergegangen; die mächtige Wolkenschicht am Alkoven des Horizonts hat sie wie eine Ratte eingefangen — sie ist weg, weg!

Dann schüttelt und schuddert die Nacht sich, behutsam streichelt sie die Drossel, die im Begriff ist, sich zur Ruhe zu begeben — und dann schleicht sie hinaus, sie umfängt das Dickicht und die Waldwiesen und den Saum der Lichtungen und löscht den Unterschied aus zwischen Kraut und Unkraut, zwischen Nutzholz und Kümmerling, zwischen des Försters Lieblingsschonung und dem Anflug, der sich aus dem Humus hervorstiehlt.

Die Nacht nimmt den Wald in Besitz, entreißt ihn dem Licht, das in der Ferne entweicht; sie hüllt die Millionen von Blättern in ihre schwarze, eintönige Finsternis. Und nun schleicht sie sich über den Waldraum, tritt aus, wie es von dem Wild des Waldes heißt — tritt aus, an Hecken und Gräben entlang, schiebt sich vor über Äcker und Wiesen, wo der Widerschein des Sonnenunterganges noch liegt und als letzte Rückzugsstellung Wachedienst tut.

Und so umfängt sie das Grundstück jedes Bauern, die Felder jedes Kirchspiels, die Äcker jedes Gutes; sie erobert das ganze Land zurück von dem Licht und gibt es ihrem großen Finsterniskind, der Eule.

Aber was hilft das dem Kinde? Von der ganzen Erde begehrt es nur seine Jungen.

———

Die Nacht wird tiefer und tiefer ...

Und Strix, die seit der Dämmerung gesucht hat, gelangt allmählich weit umher im Umkreis.

Da, um die Morgenstunde, als sie in die Gegend der Menschennester hinauskommt, hört sie von einem kleinen Haus, das einsam und im Versteck unter einigen hohen Tannen liegt, den schwachen, heißersehnten Laut.

Sie fängt ihn in ihren Ohren auf, betastet ihn gleichsam mit ihren Federhörnern und läßt ihn sich mittels heftiger Pulsschläge in die Brust hineinhämmern. Ihr wird auf einmal so leicht zumute: da sind ja die Jungen!

Sie stehen in einem Gitterkasten auf dem Hofe.

Jäh fliegt sie gegen den Käfig, so daß der Kasten erbebt — und sie und die Jungen vereinen lange ihre Klage.

Wu—hu! Wu—hu! heulen die Kleinen. Und Strix stimmt ein ermunterndes Knappen mit dem Schnabel an. Sie glaubt, daß sie hungrig sind und fliegt davon, um einen Augenblick später mit vollen Fängen zurückzukehren — dann füttert sie ihre Jungen, obwohl diese im Überfluß schwelgen.

Sie will sie mitnehmen, will sie heraushaben — sie zerrt an dem Käfig und reißt an den Gitterstäben.

Da stürzt der Kasten, der auf einem Haublock an der Mauer aufgestellt ist, um und fällt mit lautem Getöse in ein offenstehendes Kellerfenster hinein.

Es ist schon halbhell, und nach einer Weile kommt der Waldhüter Pist heraus. Er glaubt, daß sich die Katze mit dem Kasten zu schaffen gemacht hat, und preßt mit banger Ahnung die Nase gegen die Gitterstäbe. Ein rasendes Fauchen — und beruhigt trägt er den Käfig in die Stube hinein.

Strix sitzt in einer der Tannen und sieht den Menschen herausstürzen und wieder in sein Nest verschwinden. Sie heult — sie ruft — aber niemand antwortet ihr mehr. Da fliegt sie einmal rund im Hofe herum — die Jungen sind weg!

Die nächste Nacht sitzt sie wieder in den Tannen. Sie erblickt den Kasten, der an seinem alten Platz steht — und sie umschwebt ihn voll Wonne, ja, sie wagt sich sogar ganz hinein durch die offenstehende Klappe.

Ach, das Bauer ist leer — die Jungen sind weg!

Einen ganzen Monat lang besucht sie allnächtlich das Menschennest und sitzt da und heult von einer der hohen Tannen am Hause herab; aber niemand antwortet ihr außer einer schwarz und weiß gescheckten Katze.

— — —

Da nimmt sie Uf wieder in Gnaden auf und zieht mit ihm noch tiefer in den Hochwald hinein.

Der Sommer geht zur Rüste ...

Herber Duft von abgefallenem Laub und aufschießenden Pilzen mischt sich mit dem würzigen Brodem der Waldmoose. Die Ebereschen erröten, aber die Becher der Adlerfarnen werden braun und häufen sich zu großen Schanzen unter den Birken auf, deren erste vergilbende Blätter in dem funkelnden Gespinst der Spinne baumeln.

Eine eigenartige Rastlosigkeit ist in die Ameisen gefahren, sie küren nicht mehr zwischen den Insekten und den dürren Zweigen, sondern nehmen mit Fieberhast, was ihnen in den Weg kommt: magere, langbeinige Schnaken und eingetrocknete Blattrippen. Kleine Froschkinder sind überall in Bewegung und spielen den großen schnüffelnden jungen Füchsen manch einen Schabernack.

Da summt eine Biene ... die jungen Füchse schnappen danach, es ist unwiderruflich die letzte Biene des Jahres!

Die Tiere haben Junge geworfen, die Vögel haben ihre Eier ausgebrütet und die Pflanzen haben Samen angesetzt; jetzt ist der große Erneuerer, der Winter, im Anzug.

————

Als es rauh und kalt geworden, und als es mit dem Futter knapp wird, besuchen die beiden alten Eulen ein Aas, das am Rande eines kleinen Sees jenseits der Förde liegt.

Und dann eines Abends, als sie sich eben gesetzt haben, hören sie die Unruhe aus einer Tanne herausbrüllen.

Es ist ein Schuß — und die Federn stehen Uf um die Ohren. Er wird ganz verwirrt und gerät von Sinn und Verstand, er klappert mit dem Schnabel und dreht sich auf demselben Fleck rund herum, wieviel Strix auch ruft.

Ein kleines kurzbeiniges, rotbraunes Ding, das wie ein Fuchs bellt, fährt auf ihn ein — und stimmt dann plötzlich ein gottserbärmliches Geheul an.

Den hat er doch wenigstens gefaßt! denkt Strix.

————

Aber seither ist auch Uf weg gewesen.

Er hatte wohl Wandergelüste bekommen und war von ihr weg geflogen — über alle Berge!

5. Strix und die Menschen

Es ist wieder Frühling in den großen Wäldern an der Förde.

Die blankschwarzen Wasserflächen der Waldseen liegen mit Vögeln übersät da ...

Auf den kleinen Tümpeln schießen die Bläßhühner hitzig und paarungstoll aus dem schimmernden Versteck des Röhrichtsaumes heraus; sie gleichen Maulwurfshaufen, die auf dem Wasser schwimmen. Auf den großen führen die Schwäne Krieg, blendend weiß und mit Federgebrause um den gekrümmten Hals. Und in den kleinen Löchern, wo es friedlich und warm ist, liegen stumme, gepaarte Enten.

Hin und wieder breitet ein Schwanenpaar die Flügel aus und flattert von einem Gewässer zum andern, da stiebt dann das kleine Getier verwirrt nach allen Seiten auseinander ...

An den Ufern entlang schleichen Marder und Wiesel; der Fuchs aber liegt im Schilf und lauert auf die Wildgänse, die an Land gegangen sind, um zu grasen. Mitten in dem Idyll kann man eine Häsin auf einem Wechsel in voller Flucht sehen, drei, vier zerzauste Rammler hinter ihr her. Da macht Reinecke ein paar Sprünge, besinnt sich dann aber ... nein, er mag nicht rennen!

Es gibt jetzt Äsung genug! Die Paarungskämpfe zwischen den großen Tieren und den Vögeln machen viele Invaliden!

Durch die Baumkronen zieht das kreischende Gelichter der Häher. Scharen von fünf bis zehn unbeweibten Männchen verfolgen mit Geschrei und Gekrächze ein glückliches Paar oder machen einem alten ledigen Weibchen stürmisch den Hof. Überall, wohin sie kommen, schweigen die Drosseln, und der Rabe stimmt den Frühlingsruf an, um sein Weibchen zu warnen, das schon Eier gelegt hat; aber der Häher, der in seinem abgestorbenen Baumwipfel sitzt und lauert, streicht augenblicklich von dem Zweig ab und fliegt in der Richtung der nächsten lärmenden Schar.

Aus dem Gestrüpp schießen die Amseln, den Stoß in die Höhe, über die Lichtungen hin — und wo viele alte Bäume stehen, schallt das Konzert der Stare und Dohlen ohrenbetäubend.

Strix stimmt in den Frühlingsjubel ein.

Sie heult und heult ... nicht klagend, wie nach den Jungen, sondern hohl, tief und klangvoll.

Nacht für Nacht, vom späten Abend bis zum frühen Morgen ruft sie nach ihrem alten einfängigen Männchen; sie sucht alle ihre früheren Horstplätze ab und zieht weit über das Land hinaus, jenseits der Menschennester; aber nirgends sieht oder hört sie das geringste von Uf, so wenig wie von einer andern Eule ihrer Art.

Sie fühlt sich immer einsamer und verlassener.

In den milden, feuchten Nächten geht Zug auf Zug von starken, feurigen Lenzvögeln über ihren Kopf hin, und tausende und abertausende von fröhlichen Vogelstimmen schallen aus der Luft zu ihr herab.

Sie grüßt die Reisenden mit ihrem tieftönenden Ho—oo, sie schießt aus den Baumwipfeln zwischen sie hinauf und sieht sie, schreckerfüllt über ihr Erscheinen, nach allen Seiten auseinanderstieben — und sie zieht eine lange Strecke mit ihnen, bis sie, deren Flügel dem pfeilschnellen Flug nicht gewachsen sind, zurückbleibt wie ein Hund, der einem dahineilenden Zuge zu folgen sucht.

Und je weiter der Frühling fortschreitet, um so tiefer krallt sich der herannahende Schluß der Paarungszeit mit all seiner Wildheit und Unbändigkeit in ihr Inneres hinein. Sie wird immer empfindlicher und reizbarer. Ihr feines Gehör, das es ihr ermöglicht, in großem Umkreise an der Welt teilzunehmen, ist um diese Zeit immer aufnahmebereit; Krähengekrächz und Hähergelächter, Hundegebell und Lärm der arbeitstollen Menschen regt sie ununterbrochen auf und macht sie grimmig und streitlustig.

Diese Laute erwecken in ihr fortwährend Erinnerungen an die große Heerschar ihrer Feinde!

Ein alter Fluch ruht auf ihr und ihrer Sippe, und der ganze Wald gerät in Aufruhr, wenn man sie am Tage erblickt. Die Eigenart und Überlegenheit ihres Stammes in der Nacht ist schuld daran; alle Vögel und Tiere, die schlafen, solange die Finsternis brütet, müssen sie notgedrungen fürchten und sie deswegen hassen. Sie ist der Vogel der Nacht, sie ist ihr verkörpertes Grauen, ihre Mystik ... wie die Finsternis selbst kommt sie lautlos und überraschend, und wie das Wetter der Nacht kann sie plötzlich ein teuflisches, schreckeneinjagendes Geheul anstimmen. Die andern werden bange vor der Nacht und verkriechen sich; sie fliegt in ihre Arme und tummelt sich darin, sie ist das eigene, hoch betraute Kind der Nacht.

Sie wohnt beständig in den Hochwäldern, aber draußen in einer Einöde, in einem tiefliegenden dumpfen Winkel. Hier hat sie ihren Luftwechsel, ihre Tunnel und geheimen Gänge durch Kronengewölbe und Laubgehänge. Da hindurch kann sie aus dem überwucherten Baum, in dem sie wohnt, ungehindert abstreichen und zu der freien Fahrt über Lichtungen und Unterwald hin gelangen.

Aber einmal, als sie in der Dämmerung ihren Lieblingspfad — einen langen und schmalen Gang durch rotknospigen Weißdorn und kätzchengelbe Haselbüsche — entlangstreicht, findet sie ihren Luftweg zerstört. Das schützende Versteck, das sich so innig fest und dicht um ihn geschlossen hatte, ist umgerissen, liegt bunt durcheinander in einem großen Berg. Wo früher Bäume standen und wilde Schößlinge wuchsen, breitet sich jetzt ein offener Platz aus, über den sie hinjagen kann, ohne den Zweig eines Wipfels mit den Flügeln zu berühren.

Sie hat den ganzen Tag tief unten in ihrem hohlen Stamm ein starkes Hack—Hack gehört, als arbeite tief drinnen im Wald ein Riesenspecht. Sie kennt den Laut, es ist der, den sie am meisten von allen haßt ... es ist der Schlag der Axt!

Die Axt macht licht, und sie haßt das Licht-machen. Sie will Dichtigkeit von Zweigen und Stämmen, von allen Stämmen, rings um sich haben. Sie will Waldesdunkel haben! Aber die Axt macht die Bäume bis in die Wipfel erbeben, kippen und sich plötzlich legen.

Am nächsten Morgen ist der Laut wieder da!

Und er hält den ganzen Tag an. Sie sitzt in ihrem Versteck und schneidet Gesichter, sie fühlt jeden Hieb wie einen Stich in ihrem Fleisch. Hu, diese Laute, diese verdammten, menschengeschaffenen Laute, sie rauben ihr das Verweilen im Verdauungswohlsein und erfüllen sie statt dessen mit aufregender Unruhe.

Als dann der Abend kommt und die im Laufe des Tages angehauenen Bäume anfangen zu fallen, als das Krachen und Poltern und Dröhnen seinen Höhepunkt erreicht, da fliegt sie einem Waldarbeiter in den Nacken.

Die Waldarbeiter pflegten sonst nie etwas von Strix zu sehen; sie hörten sie nur. Oh, oh! klagte etwas in der Tiefe; uh, uh! antwortete es von weit her. Das war zu der Zeit, als Uf noch lebte. Da hatten sie in den frühen Abendstunden, namentlich in der Paarungszeit, ihre feurigen Wechselgesänge angestimmt; sie hatte laut gerufen, scharf und innig begehrend, und er hatte geantwortet, tief, hohl, mit einem unheimlichen Uhuu, das aber für ihr Ohr so wild und aufreizend klang.

Die ganze voraufgegangene Nacht hatte Strix nach Uf gerufen, aber vergebens ... auch das hat dazu beigetragen, sie aufzuregen.

Sie bedient sich ihrer bekannten, unfehlbaren Überrumpelungstaktik. Ungeahnt taucht sie auf aus dem flockigen Versteck der Dunkelheit, wirft sich über den Waldarbeiter, packt ihn mit beiden Fängen bei den Schultern und wärmt ihm die Ohren mit den Flügeln. Mit ihren scharfen Ellbogenknochen schlägt sie ihn in die Schläfen und macht ihm ein paar blaue, blutunterlaufene Augen, dann greift sie ihm in die Haarbüschel und schüttelt ihn. Der Holzhauer wirft sich auf die Nase und schlägt die Hände vor seine Augen; aber jetzt erst nimmt Strix ihn als rechtmäßige Beute in Besitz. Sie hakt die Fänge in seinen Körper und reißt ihm den Hintern auf ...

Es ist Pist Lak, den sie gefaßt hat, aber sie ahnt es nicht. In diesem Augenblick sind ihr alle Menschen gleich!

Pist, der im ersten Nu, ehe er noch die Fänge der Eule zu kosten bekam, ganz entzückt war, jetzt endlich die Gewißheit zu erlangen, daß dieser Geldvogel noch immer hier ist, hat plötzlich seine Ansicht geändert ... er brüllt wie ein Stier.

Da erdröhnt der Erdboden, da trampelt es im Laub: kla-datsch, klingt es ... kla-datsch, kla-datsch ...

Ein Zucken durchfährt Strix!

Ihr Gesicht kann sie täuschen, kann vergessen; ihr Gehör nie. Sie weiß es schon lange, bevor sie die Gestalt erblickt: jetzt kommt er, der lahme Kerl mit dem stinkenden Atem!

Ein mehr als instinktmäßiges Rachegefühl ergreift sie ...

———

Wie gewöhnlich ist der kleine Leuchtturmwärter auf seinem Frühlingszug nach Raubvogeleiern aus! Raubvogeleier hatten stets ihren Wert, denn sie wurden immer seltener. Krähen-, Bläßhuhn- und Elstereier dahingegen wollte niemand mehr haben, die waren jetzt zu gewöhnlich.

Den ganzen Nachmittag hat er sich in der Nähe von Holzwärter Pist's Arbeitsplatz aufgehalten, war mehrmals bei ihm gewesen und hatte ihn gequält, er möge ihm doch den Horst des großen Uhus zeigen. Pist hat immer geantwortet, so wie es war: daß er den Horst gar nicht wisse, ja, in diesem Jahre die Vögel nicht einmal gesehen habe. Aber der gute Leuchtturmwärter, der nicht ohne Grund ein schlechtes Gewissen in bezug auf gewisse sieben Kronen hat, die er seinem kleinen Unteragenten noch vom vergangenen Jahre her schuldet —, hat im Stillen gemeint, daß die wohl Schuld daran seien.

Da hört er auf einmal das fürchterliche Gebrüll ...

Mit Sturmeseile kommt er gelaufen und sieht zu seinem ungeheuren Erstaunen, zugleich aber mit geheimer Freude, den großen Uhu auf Pist's Rücken reiten. Im ersten Augenblick ist er ganz überwältigt von seinem Glück — dann ergreift er seinen schweren, eisenbeschlagenen Eichenknittel und haut auf die Eule ein, die sich aufgeblasen hat und ihm ins Gesicht fahren will. Der Schlag trifft Strix an den Kopf, sie verliert die Besinnung ... und als sie wieder zu sich kommt, sitzt sie hinter Schloß und Riegel.

Sie ist in einem Kükenbauer untergebracht — in demselben hölzernen Kasten, der vor einem halben Jahre ihre Jungen beherbergt hat. Er ist gründlich nachgesehen und frisch genagelt.

Ihr wird etwas schwammige Lunge durch das Gitter gesteckt. Da sprühen ihre Lichter Funken, und sie faucht wie eine Katze. Der Leuchtturmwärter tritt unwillkürlich einen Schritt zurück —: Du großer Zerstörer! sagen die Lichter ... könnte ich dich nur auffressen!

Strix rührt die Lunge nicht an. Gefräßig starrt sie dem hahnenschnäbeligen kleinen Kerl in die stechenden Augen und sieht drei lange Narbenstreifen, die an seiner Wange herablaufen. Soviel kann ihr bißchen Eulenverstand fassen, daß diese Fratze alles erwägt, was ihrem Besitzer zum Vorteil dient ... sie ist gleichsam von einem Vollmond-Kälteglanz umgeben!

Die Dunkelheit senkt sich herab, und Strix arbeitet die ganze Nacht, um aus dem Bauer zu entkommen ...

Sie scheuert sich den Bart ab, indem sie ununterbrochen mit dem Schnabel an den Gitterstäben auf und nieder kratzt, und sie schlägt sich den starken Ellbogen blutig durch ihr ständiges Stoßen. Aber das Bauer ist solide, es hält!

Als das Licht des Tages sie eine Weile geblendet hat, so daß sie gezwungen ist, sich in den dunkelsten Winkel des Kastens zurückzuziehen, fängt sie den Laut von Schritten auf: es ist das Strix jetzt so bekannte kla-datsch, kla-datsch. Der hinkende Hahn in dem blauschimmernden Gewand, mit dem flachen, schmetterlingbunten Kamm auf dem Kopf, tritt vor das Bauer und macht sich daran, mit einem Stock in ihren Brustdaunen zu wühlen. Sie schlägt ihren Fang in den Stock und fährt auf ihn los, so daß das Blut aus dem verletzten Flügelknochen ihm ins Gesicht spritzt — und sie hört da draußen ein mächtiges Krähen.

Ihre Federn sträuben sich; sie hat sich aufgeplustert und sitzt da und faucht, die Flügel wie einen Schild vorn über dem Kopf erhoben.

Da kommen auf dem Boden des Bauers ein Paar sonderbare steife Klauen herangeschlichen; sie öffnen sich und schließen sich am Ende ihrer dünnen, storchähnlichen Beinstiele. Wenn sie nach der einen greift, nimmt die andere die Gelegenheit wahr — und dann auf einmal beißen sie sich in ihre beiden Ständer fest. Sie schlägt mit den Flügeln um sich und fällt hin ...

Da spürt sie wieder den erstickenden Geruch; der lahme Hahn bläst ihr seinen stinkenden Atem ins Gesicht; der legt sich ihr vor die Brust, benimmt ihr die Luft, sie schnappt und beißt blindlings um sich. Ein Nebel gleitet vor ihre Lichter und eine einschläfernde Wolke senkt sich über sie — sie muß schlafen, sie mag wollen oder nicht.

Als sie wieder erwacht, sitzt sie wie in einem hohlen Stamm, nur daß er ganz eng ist, und er schaukelt, als sei der Baum während eines Orkans im Begriff umzufallen.

Sie ist an den Gutsförster verkauft, an einen kleinen Teufel von Mann, eifrig und unverzagt, und ebenso hart von Gemüt wie hart von Händen. Es ist dem Förster endlich — dank Vogelhansens nie versagendem Ammoniak und seiner eigenen zusammenschraubbaren Fuchszange — gelungen, Strix in seine Gewalt zu bekommen und sie in den großen, einem Rucksack ähnelnden Eulenkorb zu sperren, der auf seinem Rücken schlingert. Jetzt radelt er mit ihr nach Hause. Strix soll als „Auf" gebraucht werden!

Erst soll sie einige Tage hungern, damit sie mürbe wird und mit sich „reden läßt". Dann soll sie einen Spatzen bekommen und nach und nach mehrere Spatzen, bis sie auf ordentliche Zahmvogelart gelernt hat, dankbar aus der Hand zu fressen. Dann soll sie daran gewöhnt werden, sich um einen der Ständer fassen zu lassen, um mit dem Rücken am Boden des Bauers entlangschleppend, mit einem Ruck herausgezogen zu werden. Sie soll daran gewöhnt werden, wie eine brütende Henne angebunden zu sein und wie ein Piepvogel auf der Hütte zu sitzen, während die Krähen sie umlärmen und ausschimpfen, und er, der Förster, im Hinterhalt liegt und eine Krähe nach der andern niederknallt. Endlich soll sie, sobald sich eine passende Gelegenheit bietet, verkauft werden, und der Erlös soll zwischen ihre drei Aktionäre verteilt werden.

— — —

Bei der Ankunft in der Försterwohnung des Gutes jenseits der Förde wird plötzlich „der Orkan" so stark, daß der hohle Stamm, in dem Strix sitzt, den Boden in die Höhe kehrt. Sie wird kopfüber in ein Bauer geschüttet.

Das Bauer ist alt und mürbe. Es hat ein paar Jahre lang einen kleinen Krüppel von Hütten-Eule beherbergt, aber die machte keine Faxen. Die hat da gesessen von dem Tage an, da sie als junger Vogel von einem kleinen stinkenden Menschen im Walde geraubt und von seinen großen, rotgefrorenen Händen dahineingesetzt wurde. Der Förster hatte sie allmählich so weit gezähmt, daß sie von selbst herausflog und sich auf den Deckel des Eulenkorbes setzte.

Es riecht noch nach ihr im Bauer und da liegen eine Menge Federn und Überreste von Geschmeiß. Da liegt auch eine halb gekröpfte magere Taube — dem kleinen Krüppel, der übrigens eben erst eingegangen ist, hat es offenbar an Appetit gefehlt.

Es ist eine gefährliche Taube! Wäre Strix nicht ein wilder Vogel gewesen und hätte die Äsung verachtet, in die sie nicht selbst ihre Fänge geschlagen hat, so wäre es mit ihr aus gewesen. Die Taube ist eines natürlichen Todes gestorben ... an Hühnerdiphteritis. Der Förster hat keine Ahnung davon gehabt — eine Hütteneule bekommt ja alles: von im Hause gefangenen Ratten bis zu abgebalgten Füchsen!

Strix sitzt da und schlingert; ihr ist noch etwas unklar nach der Betäubung. Sie starrt durch das halbverrostete Drahtgewebe und sieht vor sich, auf der Tür ausgespannt, gleichsam einen Schatten von sich selbst: einen großen, braunfederigen Riesenuhu mit einer Schnabelspalte, die bis weit unter die Ohren reicht. Er hat nur einen Fang.

Strix meint, sie müsse den Fang kennen!

Dann kühlt die Luft um sie her allmählich ab; lange schwarze Schatten schleichen sich über den Hof hin — — der Tag geht zur Rüste.

Gleich einem großen Vogelzug mit Wildrosenschimmer über den flimmernden Flügeln sieht sie die Wolken dem fernen, roten Abendland entgegeneilen.

Und der Wind folgt hinterdrein, so schnell er nur kann ... es wird geräuschleer, fast waldeinsam um sie her.

Bald jagt die erste kleine behende Fledermaus an ihrem Bauer vorbei. Es folgen mehrere — und dann auf einmal wimmelt es von Fledermäusen. In unbeständigem Zickzackfluge huschen sie über den Hof, aus und ein, wenden in rechten Winkeln oder schaukeln in langen anmutigen Zirkelbogen herum, um dann wieder wegzuflimmern und zu Punkten in der Luft zu werden.

Große, schwerbelastete Nachtschwärmer mit dem fetten, plumpen Hinterkörper, der unter ihren hastig schwirrenden Flügeln herabbaumelt, schrauben sich mühsam vor ihr in die Luft empor, während ungeschlachte, brummende Maikäfer mit einer Geschwindigkeit, die sie veranlaßt, lange Striche die Kreuz und die Quer durch die Luft zu ziehen, klatsch, klatsch gegen das Bauer schlagen und krabbelnd herunterfallen.

Die Finsternis verdichtet sich um Strix ... in dem tiefen Blau oben über den Baumwipfeln funkelt der Abendstern, gelb und groß, als einziges, schimmerndes Loch in der Himmelskuppel ...

Die treuen Tiere der Nacht sind alle ausgegangen!

Sie ist nun wieder ganz zu Kräften gelangt und rumort in ihrem Gefängnis herum, während sie mit Schnabel und Fängen an dem Drahtgewebe zerrt. Sie zieht es auseinander, sie holt es zu sich heran, sie rüttelt und reißt — und das Drahtgewebe zerspringt.

Es hat Jahre lang gehalten; jetzt kann es keine Stunde mehr halten!

Sie bekommt den Kopf heraus und den halben Körper, aber die beiden großen Flügel bleiben hängen. Sie muß wieder zurück, wieder hinein und weiter an den zähen Strängen zerren; ihre Zunge blutet, ihr Schnabel schmerzt — aber endlich gelingt es ihr doch das ganze Drahtgewebe aufzureißen.

Als sie sich auf der Schwelle zur Freiheit befindet, fährt plötzlich ein kleines, schiefbeiniges, rotbraunes Ding kläffend auf sie ein. Es ist der Nachtwächter und Gefängniswärter hier auf dem Forsthofe, der alle die verschlossenen Türen und Luken unter seiner Aufsicht hat. Das fürchterliche Rumoren dort im Eulenbauer hat ihn schon lange darauf aufmerksam gemacht, daß da etwas los ist; nun will er aber die neue Eule lehren, daß er sich dergleichen gründlich verbitten muß.

Der wachsame kleine Gefängniswärter hat indessen kein Glück. Strix schlägt die Fänge in seinen Rücken ... er fängt an, gottsjämmerlich zu heulen und stürzt schreckerfüllt ins Haus hinein.

Es ist sonderbar ... aber das Geheul erinnert sie auf einmal wieder an Uf!

Im selben Augenblick schreitet ein kleiner schwarz- und weißgefleckter Kater mit steifem Schwanz und eifrig windenden Nüstern auf den Hofplatz. Er gehört eigentlich zu einem Forsthaus weit drüben auf der andern Seite der Förde, aber der Frühling zerrt auch in ihm! Des Fressens halber kommt er nicht, doch ... wenn sich die Gelegenheit bietet, nimmt er gern einen Bissen mit. Jetzt wittert er plötzlich Vögel und sieht eine Chance ...

Er verrechnet sich, armer Kerl — und es geht ihm schlimmer als dem kleinen, schiefbeinigen Gefängniswärter. Strix, die nun glücklich dem Bauer entronnen ist, nimmt ihn als ihre rechtmäßige Gefangenenkost und hält eine wohlverdiente Mahlzeit an ihm.

Noch in derselben Nacht findet sie sich über die Förde zurück und in ihre Einöde in dem trauten Hochwald. Sie versteckt sich in ihrem hohlen Baumstamm ... da sitzt sie und denkt das ihre über das Dasein.

Zu Anfang war sie dem Eindringen der Menschen in ihr Bereich offen und mit Macht begegnet!

Was sollte sie wohl fürchten?

Sie hatte ja ihren scharfen Schnabel und ihre spitzen Fänge, und sie hatte ihre großen, starken Flügel; sie besaß Selbstvertrauen und Zutrauen zu ihren Fähigkeiten und Kräften — was sollte sie wohl fürchten!

Aber ihr häufiges Zusammentreffen mit den Menschen und die Erfahrung, die sie daraus schöpfte, hatte ihrem Vertrauen auf eigenes Vermögen einen

Stoß versetzt; hier hatte sie ja einmal über das andere ihren Meister gefunden —; einen Gegner, den sie nicht hatte in die Flucht schlagen können!

Daß der Mensch gefährlich war — das begriff sie jetzt.

Es war nicht besser geworden mit der Unruhe im Hochwald. Noch am Abend bei Sonnenuntergang, wenn sie aus ihrem Tagesschlaf erwachte und sich anschickte auszufliegen, konnte sie Wagenrollen und Äxteschlagen hören.

Ihr großes Heim, wo sie vor vielen Jahren in ihrer Jugend gewohnt hatte, war schon umgestaltet und abgeholzt. Ganz weit draußen, wo einst ihr Horstbaum stand, erhob sich jetzt ein Haus neben dem andern, Gitter und Hecken wechselten ab mit Stacheldraht und Zäunen; Motorräder surrten umher, Telephondrähte durchwebten die Luft, lange Schornsteine spien die Eingeweide der Erde aus, und heulende Eisenbahnzüge fauchten überall. Die Menschen breiteten sich aus wie die Wanderratten in gewissen Jahren auf dem Berge ihrer Vorfahren; Strix wollte es scheinen, als müßten sie vorwärts über ihre Leichen!

———

Und dann ward endlich der Gipfelpunkt erreicht.

Es ist Jagd im Tierwald, dem letzten der einstmals so ausgedehnten Hochwälder am innersten Ende der Förde, dort, wo Strix ihre jubelerfüllten Tage gelebt hat — und die Hunde hetzen einen Hasen. Sie wird von dem Gekläff geweckt, und als sie den Hasen vorüberschlüpfen sieht, kann sie nicht widerstehen; sie muß der Bande folgen.

Es ist ja ihr Hase, den die Hunde hetzen! Es ist der letzte Hase, der sich hier im Walde, ja, in der ganzen Umgegend findet — nun holen die meutestarken Teufel ihn!

Ihr gehören alle Hasen, das ist doch ganz selbstverständlich; so lange sie gelebt hat, haben die Hasen ihr gehört!

Strix setzt von ihrem Zweig aus den Spürhunden nach ...

Sie streicht lautlos über ihnen und wirft sich mit einem Brausen dicht vor der Nase des ersten nieder. Im Vorüberflug gibt sie ihm einen Fang, der sein rechtes Nasenloch unheimlich klaffen macht. Der Hund stößt ein durchdringendes Geheul aus ...

Dann bei einer Wegbiegung, packt Strix den Hasen.

Sie ist schon dabei, ihn zu verzehren, als zwei große Spürhunde nahen. Mit dem dicken Ende des Flügelknochens versetzt sie dem eifrigsten einen Schlag gegen die Nase und zerfetzt mit den Fängen das Ohr des andern.

Nach einer Weile erscheint einer von den Jägern.

Er ist wie gelähmt, als er aus der Ferne die Hunde geifernd um einen großen Vogel sitzen sieht — und er bleibt schleunigst stehen und macht sich schußbereit.

Er will dir den Raub wegnehmen, denkt Strix ... na, versuch' es nur mal!

Da entsendet der Jäger ein Brüllen in den Wald hinaus, sein Atem geht von ihm aus wie ein heißer Kampfesodem, und mit unsichtbaren Fängen zerrt er an ihrer Haut.

Das war unergründlich geheimnisvoll, und davor entfloh sie!

Aber nun hatte Strix genug — seit dieser Zeit hielt sie sich den Menschen fern.

Der große Uhu kann sich nicht mit der Kultur abfinden.

Es gab einige Tiere, die sich nach ihr einstellen konnten. Füchse und Dachse zum Beispiel, Marder und Wiesel, die konnten sowohl in der zahmen Natur wie in der Wildnis gedeihen. Und da waren andere, die den wilden unangebauten Gegenden ganz entsagen konnten, die Vorteil zogen aus der stark um sich greifenden Urbarmachung und ihr Leben danach einrichteten. Da waren Rebhuhn, Hase, Reh, Krähe und Elster; die wuchsen förmlich aus dem Boden, wo die Axt rodete und wohin der Pflug kam. Sie aber, Strix Bubo, konnte sich auf keinen Vergleich mit dem Neuen einlassen. Alles das, was aufräumte und licht machte, war ihr ein Greuel; es tötete die Lebensfreude in ihr ... es hatte sie, so lange sie denken konnte, ununterbrochen in die Flucht getrieben.

Aus ihrer Einöde in den Hochwäldern um die Tiefe der Föhrde wird sie nun weiter und weiter hinausgedrängt, dem Waldessaum zu, bis sie schließlich wegfliegen muß — hinweg über die Menschennester, hinweg über das Land jenseits der Menschennester, hinaus nach einem sonderbaren, ausgestorbenen Walde, der einsam und fern zwischen Sümpfen und Heidemooren liegt.

In einer wilden Hügelschlucht — Teufelshöhle genannt — vor einem öden, düstern Waldsee findet sie endlich in dem verfaulten Stamm einer alten, leeren Buche eine neue Freistatt, ein Heim, das ihr uraltes Sehnen nach einer Bergschlucht erfüllt.

Sie haßt Stimmengekrächz, sie haßt Hundegekläff — und Axthiebe und Sägezahnbisse können sie um Sinn und Verstand bringen. Sie sollte nur niederstoßen auf diese Friedensstörer, auf diese großen Ratten, die selbst hier im entlegenen Walde, wenn auch nur von Zeit zu Zeit, herumhuschen.

Aber sie mag nicht mehr; auf alle Fälle nicht am Tage — und des Nachts geschieht es nie, daß diese Mitgeschöpfe sich bemerkbar machen. Dann heult nur der Wind, und der Wald summt seine alten Melodien; sie kann ungestört jagen, ungestört kröpfen, nach allen den bekannten Wiesen und Lichtungen fliegen und vernünftige Spaziergänge in aller Ruh rings umher auf dem Waldboden unternehmen.

Die Finsternis ist ihr Reich, und die Finsternis kehrt wieder nach dem Lärm des Tages, kehrt immer, immer wieder ...

Nur diese Tatsache hält sie beständig fest, sonst wäre sie Uf längst nachgeflogen — über alle Berge!

6. Winterleben im entlegenen Walde

Dahin sind die hellen Tage des Sommers mit goldener Sonne über reifendem Korn! Die Wälder sind verwelkt, das Laub ist abgefallen — alle die bunten Farben des Herbstes liegen bleich und zermürbt um die Wurzeln der Bäume. Nur das Moos schimmert, und die Beeren an der Eberesche sind hellwach!

Klare, kühle Morgen mit dünnem Eise und Nachtreif sind dunklem, regnerischem Tagesgrauen gewichen. Der Novembernebel hat schwer und drückend über einsamer Heide und steifen Wäldern gelegen und die Säfte des Lebens zur Ruhe gebracht. Jetzt hat sich der Winter gemeldet, jetzt ist der Frost gekommen!

Überall liegt Schnee.

In dem fernen Walde ist die Schlucht zwischen den hohen, steilen Hügeln, wo Strix jetzt wohnt, ein Wirrwarr von Faulbaum und Erle, von Birke und Geißblatt — und unter den ineinander gefilzten Zweigen fließen — schwarz und kalt — die grundquellreichen Wasser des öden Waldsees. Hier ist das Märchenland, von dem der Mensch fabelt!

Es schäumt da drinnen. Aus dem blanken, sturmblauen Osthimmel tritt der weiße Wintermond hervor, rund und klar. Im Westen glüht es. Der Horizont brennt mit hagebuttenrotem, goldgelb flammendem Schein ...

Strix ist noch nicht aus ihrem Tagschlummer auf dem Grunde ihres hohlen Baumes erwacht. Aber Taa, der Marder — ihr alter Erbfeind und schlimmster Nebenbuhler, der sich wie sie aus dem Hochwald hat zurückziehen müssen — ist schon auf Jagd aus.

Ihnen beiden ist es eine Zeitlang kümmerlich ergangen! In den dunklen Dezembernächten, während strömender, eiskalter Regen mit Sturmesgewalt über den Wald herabgeschleudert wurde und ihn durchnäßte und schwer zugänglich machte, hat sich alles Lebende unter Dach gehalten. Da haben sich die fleisch- und pflanzenfressenden Tiere in Kriegszustand befunden — und Strix und der Marder haben bittern Hunger gelitten.

Jetzt, wo der Schnee dicht über Heide und Moor liegt, halten sie sich schadlos — und ihre scharfen Augen entdecken jetzt doppelt sicher den Raub, dessen sie bedürfen.

Zum Überfluß ist der Winter ungewöhnlich mildtätig gegen sie gewesen: er hat ihnen — als Neues vom Jahr — einen großen Zug Eichhörnchen gebracht. Anfangs gab es fast überall im Walde Eichhörnchen; die behenden Tierchen haben alle Löcher in den hohlen Bäumen mit Beschlag belegt, haben die Tannen und die leeren Krähennester ausgefüllt. Strix pflegt jede Nacht ein halbes Dutzend zu bewältigen. Da aber auch der Fuchs auf Raub ausgeht, und der Marder ganz einfach die Forderung stellt, in Eichhörnchen schwelgen zu können fangen die leckern Tiere schon an, auf die Neige zu gehen.

Der grausame Taa ist noch grausamer geworden! Die Härte des Winters macht sich auch in ihm geltend, und er muß fortwährend etwas Warmes in den Leib bekommen. Drinnen im Märchenland, auf einer Lichtung, nicht weit von dem Baum des großen Uhus, hat er früh am Abend das Glück, ein Eichhörnchen zu überraschen.

Das Eichhörnchen ist noch spät draußen. Es sitzt in dem Wipfel einer kleinen, allein stehenden Tanne und pickt an einem samengespickten Tannenzapfen.

Es ist unvorsichtig von dem Eichhörnchen, seine Abendmahlzeit so spät einzunehmen und so weit entfernt von dem schirmenden Versteck; daher hat Taa auch sofort seinen Schlachtplan fertig: auf dem Erdboden wird er dem kleinen Springer überlegen sein, das weiß er!

Vorsichtig schleicht er sich unter die Tanne — und Ritsch, Ratsch — steigt er in die Höhe. Das Eichhörnchen läßt schleunigst die tannennadelbehafteten Pfoten von den Schuppen des Zapfens und stürzt auf den nächsten langen federnden Tannenzweig hinaus. Als es das Ende des Zweiges erreicht hat, benutzt es ihn als Schwungbrett und läßt sich mitten in die Lichtung hinabschleudern. Mit raschen Sprüngen eilt es dahin über den Schnee ...

Der Marder setzt dem Flüchtling nach. In wilden Rückenbiegungen und Streckungen nimmt er in Sprüngen von anderthalb Metern die Lichtung. Er gleicht einem Flitzbogen, der ununterbrochen bald stramm gezogen, bald schlaff gemacht wird. Aber Taa ist im Nachteil durch seines behenden Gegners lange, geschickte Luftsprünge; er kommt seiner Beute nicht nahe, ehe sie zwischen den Baumstämmen angelangt ist.

Das Eichhörnchen saust in die Höhe — und Taa ihr nach; und dann geht es durch eine Baumkrone nach der andern, so daß der Schnee in großen Klumpen herabfällt. Das Eichhörnchen bedient sich aller Kniffe; es führt den Marder auf Abwege, auf verfaulte Zweige hinaus, von dem obersten Wipfelzweig stürzt er sich mutig herab, und ist dann im nächsten Augenblick wieder oben in der äußersten Spitze eines Baumwipfels.

Die schneebedeckte Erde schimmert grünlich-weiß im Mondlicht ... unheimlich dunkel klemmt sich der Hochwald zusammen, um die beiden fliegenden Tiere, und schwarze Dickichte unter ihnen liegen da und rollen sich gleichsam im Schnee. Der Kronenwölbung Gewirr aus Zweigen und Ästen zeichnet ein Gewebe, ein Netz gegen den hellgedämpften Himmel, aus dem die Sterne wie ferne Katzenaugen hervorfunkeln.

Plötzlich hat das Eichhörnchen Unglück. Da, wo es sich hat herunterplumpsen lassen, hat sich der Schnee in einer großen Schanze angesammelt; es sinkt auf den Grund und wird in den losen, weichen Flocken begraben.

Gleich einer roten Rakete, beleuchtet von den flimmernden Mondstrahlen, streicht der Marder durch die Luft, seiner Beute nach und hakt sich in sie hinein, ehe sich das Eichhörnchen von dem Schnee zu befreien vermag. Er schüttelt den kleinen tüchtigen Akrobaten, bis der sein Leben aufgibt — und springt dann weiter, mit seinem Leckerbissen im Fange.

In der alten, hohlen Buche ist Strix erwacht und erscheint mit blinzelnden Lichtern in ihrer Tür.

Sie sitzt da und schielt ... hinauf zu dem Mond und zu den Sternen, und hinab auf ihre eigenen schweißbefleckten Fänge!

Ihr Blick hat einen harten und strengen Ausdruck bekommen. Die Einsamkeit quält sie, und sie kann nicht vergessen ... Der Groll und die Bitterkeit nach den vielen Unglücksfällen ihres Lebens nagt noch immer an ihrem Innern.

Gelegentlich, wenn es sich so trifft: wenn sie Menschen reden oder Axthiebe fallen hört oder wenn sie die dumpfen Sprünge ihres alten Feindes Taa vernimmt, flammt es in ihr auf — und dann wird sie grausam und rachedürstig.

Lautlos still, aber bitter kalt ist die Nacht ...

Eine spröde, glitzernde, gleichsam mit Nadeln angefüllte Frostluft fächelt ihr um den Bart; sie hört die Baumstämme stöhnen unter dem Joch des Frostes und die rieselnden Wellen des Waldsees gegen das Eis ankämpfen.

Hell wie am Tage breitet sich der Wald unter ihr aus und legt sich nackt hin, selbst ganz unter den dicht verzweigten Buchen, wo die ausgehungerten Mäuse hausen. Ganz deutlich sieht sie jedes Getier, das sich hervorwagt. Es ist Fangwetter, wenn die Erde ihr Wintergewand angelegt hat, und der Vollmond hoch am Himmel steht.

Gleich einer Riesenfledermaus wirft sie sich aus ihrem Loch heraus und verschwindet mit einem Geheul zwischen den Zweigwolken, um auf Raub auszugehen.

Eine Strecke vor ihr, drinnen im Walde, hüpft Taa mit seinem kleinen Akrobaten. Er hat schon ein wenig in sich hineingesogen und einzelne Bissen von dem Braten herausgerissen, aber er hat noch nicht den ganzen Akrobaten verschlungen. Er, der Marder, weiß sehr wohl, es ist eine Eigentümlichkeit jedes Bratens, der munden soll, daß man sich damit erst abseits in die Büsche schlagen und einen Ort finden muß, wo man verborgen sitzen kann, während man das Mahl verzehrt.

Da, auf dem Wege dorthin fällt er über einen Steig aus tiefen, groben Spuren, eine warme, frische Fährte steigt ihm in die Nase — und plötzlich sieht er vor sich etwas wie einen trocknen Tannenstumpf aus dem Schnee aufragen. Auf einmal steigt ein großer, brauner Kopf in die Höhe und ein Paar lange Lauscher schlagen die Schneeschollen weg, als schlügen sie nach Mücken. Es ist ein Rottier, das warm in seinem weißen Winterbett sitzt! Taa ist doch ein klein wenig bestürzt, namentlich, als er nach einigen weiteren Sprüngen dem Kalb des Rottieres von Angesicht zu Angesicht gegenübersteht ... es ist dicht bereift über den ganzen Rücken.

Da ertönt plötzlich ein häßliches, wahnsinniges Getute. Es wird von einem durchdringenden, langgezogenen Geheul eingeleitet, dann folgt ein heiseres, abschreckendes Lachen, und endlich ein Schrei, der durch Mark und Bein geht.

Das Rottier fährt zusammen — und krasselt mit dem Kalbe in wilder Flucht davon, auf die nächste Dickung zu. Der Marder aber verliert die Besinnung, statt sich in das Lager des Rottiers zurückzuziehen, sich mit seinem Raube einzugraben und im Schnee zu verschwinden, weiß er im Augenblick nichts besseres zu tun, als das Eichhörnchen in den Fang zu nehmen und dem Wild zu folgen.

Strix jedoch jagt ebensosehr dem Gehör wie dem Gesicht folgend! Jeder Laut, den sie vernimmt, meldet ihr eine Möglichkeit; lautlos setzt sie ihm nach, ungeahnt taucht sie auf, das große, gefiederte Gespenst!

Längst haben ihre Ohren das Geräusch des fliehenden Rotwildes aufgefangen — sie beschleunigt den Flug der Wollschwingen und richtet die Marterfänge ... da erblickt sie Taa mit etwas im Fange!

Sie erinnert sich seiner deutlich von jenem Sommermorgen, wo er eingeklemmt in den zusammengepreßten Fängen ihrer Jungen saß; er war der Erste, der versuchte, ihr ihre Brut zu rauben — und auch er hatte sie angeführt.

Strix verschlingt ihn mit den Augen von dem abgenagten Stummel seiner Rute bis zu seinen breiten Sohlen; schon glaubt sie, daß die rote Waldkatze ihr gehört ...

Da spielt der Schattenvogel, den der Mond vor ihr auf den Schnee zeichnet, Strix einen niederträchtigen Streich — der Marder wird in der letzten Sekunde gewarnt! Im Augenblick wo sie niederstoßen will, drückt er sich plötzlich an den Boden, so daß die Eule über ihn hinfährt und nur das kleine verendete Eichhörnchen in den Klauen hält.

Wie sich ein Maulwurf in einem Nu in die Erde birgt, gräbt sich Taa bis auf den Grund in die weißen Kristalle hinein, Strix schlägt um sich, aber vergebens — die geschmeidige Marderkatze bringt sich in Sicherheit.

Da muß Strix sich zufrieden geben; mit ihrem geraubten Fraß fliegt sie auf einen Zweig hinauf und kröpft ...

Sie verschlingt das Eichhörnchen, kröpft seine Fahne, seine Zähne, seine Klauen; dergleichen grobkörniger Zusatz befördert die Verdauung so angenehm!

Aber ein Eichhörnchen ist zu wenig für einen Verbraucher wie Strix. Sie muß versuchen, sich mehr zu erlauschen, zu erlauern oder zu erjagen — und sie streicht, einer großen Flocke gleich, durch die Kellertiefe des Tannenwaldes und gleitet weiter wie ein Schatten durch den Hochwald. Sie untersucht die Wipfel — sollte da nicht eine Taube sitzen? Sie versenkt sich in die Dickungen —: sollte sich nicht eine Amsel dort verborgen haben? Die lähmende Angst folgt ihr; daß man sie nicht hört, sie nicht sieht, ehe sie auftaucht, darin besteht Ihre Zaubermacht.

Schon breiten sich blaßgelbe Nebel im Osten aus. Die graue Dunkelheit wird zu blauem Himmel, und schwarze Wolkenschichten erhalten Glorienglanz. Die gelbe Sonne ist auf dem Wege aufwärts, bald wird sie auf ihrem kurzen Tageszuge rings um den Wald wieder sichtbar werden. Ein paar rote Dompfaffhähne zwischen einem Gewirr reifgeschmückter Birkenzweige scheinen Strix grell in die Augen, und jetzt endlich sieht sie, wonach sie die ganze Nacht gesucht hat —: ein Eichhörnchen schlüpft vor ihr her, einen Zweig entlang.

Das Eichhörnchen ist morgenfrisch — und Strix hat Pech mit ihrem ersten grausamen Schlag; sie schlägt von unten zu, aber sie jagt nur die Fänge in den Zweig, auf dem das Eichhörnchen saß.

In langen, krummbahnigen Sprüngen, als wäre es eine abgeschossene Kugel, saust das Eichhörnchen von einem Baumwipfel zum andern.

Mit zusammengefalteten Flügeln schleudert sich Strix hinter ihm her, sie macht jähe Wendungen rund um die große Krone herum. Sie steigt mit schnellen, aber lautlosen Flügelschlägen, gleich einem großen, braunen Fußball, und streift mit blitzschnellen Hieben den glatten Pelz des Eichhörnchens.

Haare stieben durch die Labyrinthe der Zweigwölbungen ...

Das Eichhörnchen schwebt in größter Gefahr. Trotz ihres schweren Körpers versteht es Strix meisterhaft, sich zu winden, und sie ist dem Springgesellen mehrmals so dicht auf den Fersen, daß ihr die zurückschnellenden Zweige ins Gesicht schlagen.

Aber dieser Akrobat ist nicht von gestern. Es ist ein alter, gewiegter Bursche, der schon früher im Leben Eulen im Nacken gespürt hat — er weiß, wo er hin will, wo Hilfe zu finden ist.

Die Gebirge auf dem Mond werden schwarz ...

Immer mächtiger, immer blendender erscheint die Himmelskuppel im Osten. Schon schlecken gelbe Flammenstrahlen herauf — und weit draußen am Horizont schlägt gleichsam ein großer Pfau sein prachtvoll bläulich gleißendes Rad. Ein Schimmer vom Tag sickert zwischen den Bäumen herab ...

Strix ist zu sehr in Anspruch genommen von ihrer Jagd; sie achtet nicht auf das Licht, das den Wald um sie her lebendig macht.

— — — —

Auf der Leeseite des Waldes, in einem entlegenen Eschenmoor, sitzen Krähen und Dohlen auf ihren Schlafbäumen.

Strix hat in der letzten Zeit zu sehr in Eichhörnchen geschwelgt; sie hat diese leckere Neuigkeit des Jahres der alltäglichen Kost, den Aasvögeln, vorgezogen. Sonst hätten die Krähen keine so ruhige Nacht gehabt!

Wie eine Sternschnuppe sinkt das Eichhörnchen nach einem glücklich ausgeführten Riesensprung quer durch das Krähenvolk hindurch ...

Da stiebt aus den Kronen alter Eschen eine boshafte, morgenverdrießliche Vogelschar auf. Mit Schreien und Flügelschlagen umwirbeln sie die Schlafbäume, kreischen wild und brechen in ein gellendes Gelächter aus.

Über den Waldwipfeln in der Ferne geht gerade die Sonne auf ...

Strix ist mitten zwischen ihnen, ehe sie sich's versieht. Sie erhaschen einen Schimmer ihrer wolligen dämmerungsfarbenen Flügel, mit denen sie zwischen den Bäumen aus und ein fliegt — und nun stürzen sie sich über sie. Von oben, von unten, von der Seite kommen sie. Die Krähen haben etwas zu rächen. Der große nächtliche Räuber wirkt auf sie wie ein Schlag ins Gesicht, versetzt sie in Wut — sie kennen Strix von mancher Gewalttat her!

Gleich stechsüchtigen, aus dem Hügel aufgescheuchten Wespen umsummen sie Strix. In langgestrecktem Bogen, unter spitzen, unbeholfenen Wendungen stoßen sie auf sie ein. Sie sind mutig, sie sind zahlreich: Hunderte und aber Hunderte gegen einen Feind. Federn und Daunen stieben wie Laub im Herbst durch den Wald ...

Strix hat genug zu tun, um sich während der Flucht zu schützen. Mit Fauchen und Lichterblitzen, mit Flügelknochen und Fängen ist sie bemüht, sich die zudringlichen Viecher vom Leibe zu halten. Sie wagt nicht, ihre gewöhnliche Krähentaktik anzuwenden, die sie in ihrem Übermut zuvor so oft diesen Proletariern der Luft gegenüber benutzt hat. Freiwillig hat sie sich zuweilen von ihnen finden lassen und ihnen gestattet, ununterbrochen um sie zu kämpfen. Und dann plötzlich, wenn eines zu dummdreist geworden war, hat sie die Gelegenheit wahrgenommen und den Gesellen mit ihren Fängen erhascht.

Da aber sind es nur drei, vier Stück gewesen — und jetzt sind da Hunderte und aber Hunderte!

Das leckere kleine Eichhörnchen ist vergessen; das hat sich längst geborgen und sitzt wohl verwahrt in irgendeinem Schlupfwinkel und verschnauft. Auch Strix' Gedanken drehen sich jetzt um nichts weiter als um einen hohlen Baumstamm. Das Gesindel ist hinter ihr drein, der Wald ist in Aufruhr ...

Da ist das Glück ihr hold.

Wie sie sich in wildester Flucht, verfolgt von dem Krähenschwarm, hinter einen Stamm wirft, verschwindet sie plötzlich. Ihren Verfolgern will es scheinen, als sei sie von dem Baum verschlungen. Kopfüber taumelt sie in einen tiefen Spalt hinab ...

Wo ist sie abgeblieben? schreien die Dohlen, und sie verdichten sich wie Kohlenrauch um ihr Versteck, machen einen langen Hals und starren. Ein verwegener Schelm wagt sich ganz dicht heran und guckt in das Loch hinein, fährt aber mit einem Gekreisch zurück. Hu! war das ein gräulicher Anblick! Es glüht aus dem faulen Holz heraus, wild und flammend; der Schelm hat genug gesehen, er ist am Rande einer Schlucht gewesen, die tief wie ein Abgrund war.

Dann kreischen die aufgeregten Krähen eine Stunde lang, sie schelten und schimpfen, fahren einander an die Kehle und kratzen und hauen sich gegenseitig nach den Augen, bis ein armer, räudiger, wintermatter Fuchs ihrer Wut endlich den nötigen Ablauf schafft.

———

Als eine Weile alles still gewesen ist, kommt ein großer Kopf behutsam zum Vorschein. Strix taucht auf und sieht sich lange wütend um.

Da sind Drohungen, da ist Rache in ihrem Blick!

———

Am folgenden Abend ist kein Brand im Sonnenuntergang: das Licht ist hinter Schneetüll verborgen. Ein schwerer, grauer Himmel lauert über der Erde; es schneit hin und wieder — und die vereisten Birkenkronen klirren.

In der freien Luft über dem Walde, wo ein beißend kalter Nebel die höchsten Wipfel verschleiert, sind die Krähen im Begriff, sich zur Nacht zu versammeln. Schon aus der Ferne hört man sie in kleinen Scharen von acht bis zwanzig heranziehen ...

Sie versammeln sich heute abend früh — und wie sie sich in schwarzpunktigen großen Schwärmen rund herum schwingen um den alten, dichten Tannenwald, der sie mit seinem Nadeldach und tausenden von Ruhezweigen anzieht, klagen sie in einem mächtigen Chor ihre Winternot.

Die Krähe gibt in der Regel einem kahlen Schlafast den Vorzug. Sie will am liebsten in der Esche des Moores oder in der alten Buche des Hochwaldes sitzen, um leicht aufhaken und abstreichen zu können. Aber heute abend ist das Wetter ungewöhnlich hart, und der Hunger im Bauch ist nur halb gestillt.

Kra-ah! Kra-ah! singen die schwarzen Vögel — und es liegt etwas bedrückend Unheimliches in ihren Stimmen. Jedesmal, wenn ein neuer kleiner Schwarm von der Tagesarbeit zurückkehrt und sich den Genossen anschließt, erhält der Chor gleichsam neue Unheimlichkeitsnahrung und vermehrt seine Stärke.

Und dann schwindet das Licht — —

Die rund herum segelnden großen Schwärme schweben näher und näher den emporragenden Wipfeln zu, lösen sich plötzlich auf und kuscheln sich in die Nadeltiefe ein. Es ist ein Wohlsein, eine namenlose Erquickung, den Körper unter den warmen Kissen zu bergen. — — —

Aber unten, ganz nahe am Stamm, auf dem knorrigsten Ast thront Strix.

Sie sitzt da und heuchelt einen Knorren.

Mit gespannter Aufmerksamkeit hat sie das Abendgekrächze der Aasvögel verfolgt ... die spielenden Federhörner haben ihre Gemütsstimmung ausgedrückt. Das unheimliche Dämmerungskonzert ist in ihren Ohren zu der lebhaftesten Musik geworden; sie hat mit voller Befriedigung vernommen, wie der Chor wuchs und wuchs, und die Luft von den vielen gespannten Schwungfedern dröhnte.

Jetzt, wo die Krähen wie die Flocken aus einer Schneewolke, die zerstiebt, rings um sie her in die Tannen hinabplumpsen, jetzt, wo sie es endlich in ihrer unmittelbaren Nähe kribbeln hört, wird sie auf ihre Weise dem Ursprung allen Lebens dankbar.

— — —

Ein stumpfrutiger Marder hat die gleichen Absichten wie Strix.

Er spaziert hoch oben in Kronenhöhe durch den Tannenwald; das regnerische Wetter begünstigt auch seine Meuchelmördertaktik.

Er ist an einem Stamme draußen am Rande des Waldes aufgebaumt; jetzt hat er einen Kilometer, oben zwischen den Zweigen balancierend, zurückgelegt.

Niemand ahnt ihn! Er schiebt sich an einem Zweig entlang, der im Winde schaukelt. Faßt dann das Ende des Zweiges und wippt in einen neuen hinüber, an dem er entlang kriecht, bis er im Baum verschwindet. Dann schiebt er sich auf der entgegengesetzten Seite weiter, lauert von Zeit zu Zeit und windet lange.

 Es geht nicht in geschwinder Fahrt, wie hinter dem Eichhörnchen drein, aber es eilt ja auch nicht!

Zufällig steuert er geradeswegs auf die knorrige Tanne los, die sich so ungewöhnlich gut zum Lauern eignet.

Sie ist voll trockner Knorren und dicht nebeneinander sitzen sie, so daß er keinen Vorteil durch Klettern einbüßt, nein, er kann schleichen ... ganz bequem, als ginge es eine Treppe hinauf.

Und dann dort, wo der lange Schaft des Stammes allmählich irgendwo hoch oben unter den Wolken einen Besen bildet, ist die Tanne so zusammengefilzt, so dicht und nadelig, daß niemand, weder von oben noch von unten, einen Einblick hinein gewinnen kann. Eine kleine Lichtung in dem grünen Gewölbe, zu dem sich die Tanne emporreckt, erschließt den Krähen und Holztauben den nötigen Einflug.

In seine eigenen, tiefsinnigen Gedanken versunken, beginnt der alltäglich bekümmerte Taa seinen Aufstieg. Sein knurrender Magen hat unmöglich vergessen können, daß er vor mehr als achtzehn Stunden um einen kleinen leckern Akrobaten betrogen ist, für den die spähenden Lichter und der suchende Windfang ihm noch keinen Ersatz in Aussicht gestellt haben.

Seine Sprünge von einem Zweig zum andern auf dem Spaziergang hierher sind nur knapp bemessen gewesen; bei einer Gelegenheit ist er sogar hindurch geplumpst — bis hinab auf den Erdboden.

Er ist halbwegs müde und schlapp ...

Hin und wieder während des Aufbaumens streifen seine gierigen Lichter wohl einen großen Knorren oben an der Seite des Stammes; aber solche Knorren hat ja jeder zweite alte Baum, und die greisenhafte Tanne hier ist voll davon. Zum Überfluß kommt der Wind gerade von der verkehrten Seite; es zieht durch die Lichtung von unten herauf, wie durch einen Schornstein.

Als Taa bei dem Knorren angelangt ist, wird dieser plötzlich lebendig und fürchterlich zu schauen. Strix öffnet die Seher und zündet gleichsam Licht an, ein brandroter, phantastischer Schein schiebt sich über den Marder und hält ihn fest. Sein halb offener, arbeitstöhnender Rachen schließt sich und in seinen Blick kommt das Verschlagene und Verlegene, das ein Raubtier nicht zu unterdrücken vermag, wenn es sich einer groben Unachtsamkeit bewußt wird.

Aber Strix will hier keinen Kampf! Wohl haßt sie diesen schlauen und frechen Räuber — und kann sie ihn von hinten überfallen, die Fänge in seinen Rumpf schlagen und seinen starken Nacken in den Schraubstock ihrer Schneiden fangen — dann ist die Gelegenheit da. Aber nach offenem Kampf, wenn ihr der Hunger nicht in den Fängen kribbelt und sie unbändig macht, so daß sie gleichsam rufen: greif ihn und kröpf ihn! gelüstet es sie nicht.

Und Taa seinerseits wird sich schon hüten!

Es ist, als wenn diese beiden mordlustigen, ungefähr ebenbürtigen Gegner sich des Anlasses dieses Zusammentreffens wohl bewußt sind; kein Laut dringt aus ihren Kehlen. Der Uhu bläst sich nur auf und sträubt die Zauberhörner; der Marder schleicht von dannen wie eine begossene Katze.

Der Sturm schaukelt die Tannen, so daß ihre wolligen Zweige in die Höhe schlagen wie ein Kleid, das der Wind gefaßt hat. Es ist dunkel zwischen ihnen wie im Grabe.

Die tagmüden Krähen sind längst eingeschlafen. Der Himmel speit Schnee, und die Schauer treiben Brandung und Sturzseen in den Wald und bringen die Legionen der Tannennadeln zum Kochen und Sieden.

Wer hoch oben auf einem Zweige sitzt und in die Tiefe hinabsieht, dessen Gesicht wird noch dunkler, wer aber von unten heraufkommt und in die Höhe guckt, hat noch eine Chance trotz der Dunkelheit. Er sieht schwarze Krähenleiber auftauchen, als seien es große Tannenzapfen an den Zweigen.

Ein heiserer Todesschrei schleppt sich plötzlich durch die Nacht!

Strix hat lautlos ihren ersten schlafenden Klaus überrascht. Der Ärmste erwacht erst, als er in ihren Fängen eingeklemmt sitzt.

Der Schrei weckt jäh die zunächst schlafenden Kameraden. In das Sturmesgesause mischt sich vereinzeltes Krähengekrächz.

Dann auf einmal flattert es aus allen Tannenwipfeln heraus; gleich großen, verirrten Finsternisflocken schwingt sich Krähe auf Krähe in die Luft hinaus.

Heisere Schreie und langgezogene, wehmütige Klagen steigern das Grauen und das Entsetzen. Sie singen in ihrer Sprache, die schwarzen Aasvögel, über den Verlust und die Vergänglichkeit des Erdenlebens: hier saßen wir so schön, nachdem wir es so schwer gehabt hatten, da, da — —

Strix wütet oben zwischen ihnen. Sie schlägt die Fänge in den Bauch einer zweiten Krähe und macht sie schnell auf ewig verstummen. Sie packt eine neue und noch eine — gar viele schlägt sie nieder in der Schlacht.

Unten aber hüpfte Taa und sammelte eifrig auf ...

Jetzt endlich fand er Ersatz für seinen kleinen Akrobaten!

7. Der neue Wald rückt vor

Es war noch wild und urzeitartig in dem großen entlegenen Walde.

Er war ja freilich ein königlicher Staatswald. Es gab einen Forstmeister und es gab Förster, Hegereier und Waldhüter, und jeden Winter in der Zeit des Fällens dingte man drauf los unter den Leuten in der Umgegend, um zu roden; aber noch war man nicht so weit gelangt, den Wald auf fachgemäße Weise zu durchforsten. Darum gab es Teile, die noch nie unter dem Gesetz des Reißeisens und der Axt gestanden hatten, in die seit einem Menschenalter kein Mensch außer dem Wilddieb und dem Treiberjungen oder dem leidenschaftlichen Eiersammler seinen Fuß gesetzt hatte. Es war hier nicht wie im Kulturstaat, wo es kaum einen Quadratfuß Boden gibt, der nicht alle zehn Jahre mindestens einmal die Stiefelsohlen des Holzwärters spürt. Nein, Gräben und Entwässerungsröhren waren hier unbekannt, große Moore und Lichtungen lagen mit Gestrüpp bewachsen da, zahllose kleine Seen mit Röhricht und Weidenbüschen gab es, und im Winter war fast jede Niederung überschwemmt.

Es war ein stark kupierter Wald, durchschnitten von langen, sonderbar gewundenen Schluchten, die bei der Frühjahrsschmelze das Wasser der Hügel den stillen Waldseen zuführen halfen.

Arbeitete man sich die Hügel hinauf, so erreichte man Höhenpunkte mit weiter und ferner Aussicht; man sah den Wald von oben, sah Kronen und Wipfel im Schein der Luft: das grüne Gewölbe im Mai, das gelbe und rote im Oktober lag wie ein unermeßliches Blättermeer unter Einem und glitzerte in Wellen und Kräuselungen.

Durch den Boden der Klüfte wanden sich Bäche in tiefe Betten. Im Sommer waren sie trocken, nur welke Blätter und umgestürzte Baumstämme häuften sich darin auf. Aber zur Frühlingszeit gruben die Ströme der Schneeschmelze die Betten auf, gruben sie tiefer und tiefer; stellenweise konnte man in sie hineinsehen, als sähe man in einen Abgrund — so steil waren die Abhänge, daß das Herbstlaub, wenn es fiel, in Sprüngen an ihnen hinabhüpfte wie Kröten.

In diesem Walde, der so weicherdig und so laubgesättigt war, daß der Mensch seine eigenen Fußtritte nicht hören konnte, wo ihm, dem hohen Wesen auf Zehen, zumute war, als schwebe er, und wo er deswegen oft schauderte über das ungewöhnlich Geisterhafte, das plötzlich über seinen sonst so schwerfälligen Fuß und Rücken gekommen war, in diesem Wald versteckt sich Dänemarks letzte große Eule.

Sie hatte hier ungefähr zehn Jahre gelebt und war dieselben Luftwege — aus und ein — zwischen dem Zweiggewölbe geflogen, sie hatte dieselben

Fangzweige, dieselben Lauerstellen benutzt und versucht, ihre Beute zu überholen, wo die Verhältnisse und ihre Erfahrung sie gelehrt hatten, daß sie überholt werden konnte. Alles war von einem Tage zum andern gegangen, wie es zu gehen pflegte — im Sommer Überfluß: Birkhähne, Hasen und spätgesetzte Rehkitzchen; im Winter Schmalhans: Eichhörnchen und Krähen, und Zank und Streit mit Fuchs und Marder.

Sie hatte sich nun an ihre Einsamkeit, an ihr großes Entbehren gewöhnt.

Nur um die Frühlingszeit bei Regenschauern, und auch sonst wenn schlechtes und unruhiges Wetter im Anzuge war, tauchten die alten Erinnerungen in ihrem Innern auf.

Wohl entsann sie sich keiner Einzelheiten ... nur unbestimmte Ahnungen von geraubtem Glück durch den Verlust von Männchen und Jungen konnten sie zu diesen Zeiten andauernd grimmig und böse stimmen.

Aber es ging nur über Marder und Fuchs, über Krähe und Habicht her, nur diese, ihre verhältnismäßig unschuldigen Feinde, bekamen ihre Fänge zu fühlen, die verfolgte sie noch immer aus tiefstem Herzensgrunde. Der Mensch dahingegen war für Strix nicht mehr das große, lächerliche Tier; er war der Herr, dem man gehorchen mußte, in dessen Launen man sich finden mußte, und nach dessen Treiben Strix sich notgedrungen richten mußte. Ihr Drauflosgehen den Menschen gegenüber hatte längst einen Knacks erlitten; sie scheute sie jetzt mehr, als sie es je zuvor getan hatte.

Und dann eines Tages verlautete es ... es ging auf Fledermausflügeln durch den Wald, unhörbar für andre, als für die, so es verstanden: sie hauen, sie fällen ...

Wer?

„Die Zweibeine", „die Gesichter", „die großen Zerstörer" oder welche Namen man nun für die Friedensstörer hatte. Hört! Sie roden, sie hauen, die Bäume fallen um, Versteck wird zu Luft und Schutz zu Nässe. — —

Es war ein neuer Forstmeister in die Wälder des großen Fördenkreises gekommen, ein eifriger Kerl; er hatte fast sein ganzes Leben in der Kanzlei gesessen und Entwürfe gemacht, daher hatte er ein fürchterliches Bedürfnis, sich zu rühren: zu hauen! Er sah den Wald durch die Zauberbrille der Kultur: die Bäume sollten da und da wachsen und so und so stehen ...

Sein Vorgänger war ein altes, amtsmüdes Individuum gewesen, mit Sehnsucht nach Natur im Leibe. Er hatte, wo er nur konnte, gern hier und da in seinen Anpflanzungen einen selbstgesäten Kümmerling stehen lassen, und er hatte auch Hirsch und Rehbock geschont und das Ohr dem Pfiff des großen, flüggen Habichtjungen verschlossen.

Jetzt sollte dieser Schlendrian ein Ende haben! Es sollte geschossen werden, geschossen, und es sollte gefällt werden, gefällt ... ein ganzes Menschenalter sei ja dort im Walde kein Ast angerührt, behauptete der neue „Meister".

Die Holzwärter waren gewohnt gewesen, glimpflich vorzugehen; sie hatten viel zu Hause zu tun. In Zukunft sollte die Pfeife einen andern Ton haben; sie sollten im Walde sein und sonst nirgends. Der neue Forstmeister stürmte dahin wie ein Unwetter. Alles was mürbe und überlebt war, mußte sich beugen — und mit den Tagen, die gingen, und dem Winter, der vorschritt, ward es lichter und offener im Walde.

Strix hörte die Äxte schlagen und die Sägen schneiden, und spät am Abend, wenn sie ausflog, sah sie neue Haufen gefällter Bäume und geschlagenen Holzes; es lag in langen Streifen hinter den Menschen so wie die verdauten Erdknollen hinter einem Regenwurm.

Eines Tages kommt ein Fuß um die alte hohle Buche herum. —

Schale und Lauf sah man oft um den Baum herum, aber ein Fuß — —

Und Strix sträubt die Hörner.

Nach ihrem langjährigen ungestörten Leben hier draußen im Walde war sie gleichsam in den Urzustand ihres Stammes zurückversetzt. Noch bis vor wenigen Monaten hatte sie nur selten andere Laute gehört als die eigene Stimme und die Stimmen des Waldes und des Sturmes; jetzt steigt ihr ein brenzeliger Geruch wie von sonnengedörrtem Harz und sumpfigem Moor in die Nase, und das Geräusch von Tritten fordert eindringlich, in ihren Ohren zur Ruhe gebracht zu werden. Strix kann nicht recht wach werden — —

Da rafft sie sich auf; sie wird plötzlich schlank, mit übermächtiger Kraft drängt sich ihr die Erkenntnis auf: das ist ja der Mensch!

Ein Reißeisen wird hervorgeholt, und ein Stock mit einem Spatenblatt am Ende fängt an zu kratzen und zu hauen; Strix ist kurz davor, auszufliegen, so genau untersucht der neue Forstmeister die Buche.

Herr du meines Lebens! — entfährt es seinem Munde, und er reißt ein gewaltiges Loch in die Rinde des Baumes ... herunter mit ihm!

Am nächsten Tage kommen die Schritte wieder, das Kratzen und Hauen wiederholt sich.

Aber mehr als zweimal läßt sich Strix nicht in ihrer Tagesruhe stören, ihr Mißtrauen ist erwacht — wie ungern sie es auch tut, sie muß aus ihrer alten Wohnung ausziehen.

Sie fliegt nach der Tiefe der alten Tannen und sinkt in ihr warmes, lichtschwaches Gewölbe hinab. Hier sitzt sie eine Woche lang in einem alten Habichthorst. Bis es plötzlich eines Morgens in dem Stamm singt und wie von weißen Federn um seinen Fuß stiebt ... sie fühlt den Wipfel erbeben, den Baum schaukeln und auf einmal umfallen — da erst streicht sie ab. Sie wählt eine neue Tanne, weiter entfernt im Dunkeln, aber schließlich erreicht die Axt auch die ... die gierige Axt frißt ganz regelrecht auch Tannen!

Dann nimmt sie fürlieb mit dem tiefen Astspalt hoch oben in der Buche, der sie seiner Zeit vor den Krähen errettet hat. Es ist freilich ein enger Raum, in dem es zieht, denn der Baum ist fast durch und durch faul, und hatte ein Loch neben dem anderen, sowohl über ihr als auch unter ihr in der ganzen Länge des Stammes. Aber ein Zufluchtsort ist der Spalt doch!

Als der Frühling kam, wurden alle Löcher benutzt. Strix, die die Vornehmste war, wohnte im ersten Stockwerk, über ihr in den vielen andern Stockwerken hatten Stare, Blaumeisen und Kohlmeisen ihre Behausung, unter ihr wohnte ein Dohlenpaar und ganz unten im Keller eine fette schwarze Ratte, eines der sogenannten Moorschweine. Das Erdgeschoß aber stand leer, denn dort wohnte im Winter Meister Taa, und nach ihm roch es den ganzen Sommer.

Es war Strix indessen unmöglich, sich an den Spektakel der vielen kleinen Leute über und unter ihr in dem neuen Hause zu gewöhnen. Als daher der Sommer kam und das Laub die Schlupfwinkel des Waldes düster machte, blieb sie oft den ganzen Tag draußen sitzen.

Sie setzte sich gewöhnlich auf einen Fleck, wo selbstgesäete Birken und Erlen oder Tannen in großen Haufen Wurzel in der nachtschwarzen Erde der Waldmoore geschlagen hatten; dahinaus wagten sich nicht viele von denen, die zu Fuß gingen. Sie zog tief in die Moore hinein, nach den sumpfigen, feuchten Stellen, wo die Bäume klein waren und sich in den allerverzerrtesten Formen umeinanderschlangen. Namentlich hatte sie draußen auf einem Grasbüschel mitten in einer Wasserlache zwischen den kranzförmigen Zweigen eines uralten Weidengestrüpps eine liebe und ruhige Schlafstätte. Es war hier wie in einer Laubhütte — und diese Laubhütte benutzte Strix oft und lange.

Bis die vielen kleinen Vögel: Gartensänger, Mönch, Rohrdommel und Nachtigall, deren eigentlicher Besitz dies alles war, und die ihren Heckplatz und ihre Nestwohnung rings umher in dem Schlupfwinkel hatten, zufällig auf sie stießen. Da hatte der Friede ein Ende! Die kleinen Vögel hörten nicht auf, Strix ihr Mißfallen ins Ohr zu schmettern, die Lumpen des Waldes — die Häher, zogen auf, und bald darauf die Drosseln — die wachsamen Schutzleute des Waldes — da wußte sie, daß die Botschaft erging, daß das gellende Horn ertönte, daß der Wald binnen kurzem mobil gemacht sein werde, und sie breitete die Flügel aus und flog hinauf durch das Laubdach, flog davon — um sich wieder tief in ihrem Spalt zu verstecken.

Nichts konnte Strix so reizen wie dies Kleinvögelgesindel. Meinetwegen die Krähen! dachte sie. Meinetwegen Marder und Fuchs und zur Not auch die Menschen! Das alles war groß, so wie sie selbst und hatte das Recht, auszuschelten; aber so eine kleine lebende Flocke, was hatte die zu sagen!

In dem tiefen Spalt war es scheußlich im Sommer — schwül und zum Ersticken! Und kitzelndes Spinnengewebe hatte sie beständig im Schnabelbart — in der Laubhütte des Weidengestrüpps war es so frisch und kühl gewesen!

Der Sommer verging —

Es wurde immer schwieriger für Strix, sich in dem alten Walde zurecht zu finden. Es war mit dem bald ebenso wie mit den vielen andern, aus denen sie ihrer Zeit geflohen war: der große Zerstörer hatte ihn nun ganz umgewandelt.

Wo sich Sümpfe und Erderhöhungen zwischen stehenden Gewässern hinzogen, wo Zwergweiden und Birken, Wollgras und Porsch wuchsen, dahin kamen breite Gräben mit Wiesen und Gras. Wo einst Sandgräben und Heideebenen und rotbraunes Heidekraut gewesen, wo Rehbock, Birkhahn und Hase freien Durchgang gehabt, da wuchsen kleine immergrüne Miniaturwälder auf. Selbst Strix' kleiner Waldsee zwischen den Hügeln war verschwunden. Wo einst Wasser glitzerte, und Röhricht und Entengrün und herrliche Wasserpflanzen für Wildente und Storch zum Hineinschlabbern bereit lagen, da sah sie nun auf ihren nächtlichen Zügen nur noch ein leeres Schlammbett liegen. Und so überall! Wo die Einsamkeit wohnte, wo der Wind seinen Singplatz und die Sonne ihre Badestelle hatte, wo der Herbststurm zur Zeit der Tag- und Nachtgleiche wild brunstete, und der Lenzregen in Bachbett und Schluchten rieselte und summte — dort rumorte jetzt der Menschengeist.

Es wurde Winter — und Strix hörte Taa in seine Wohnung unter ihr einziehen. Er hatte ein Junges bei sich ...

— — —

Taa war jetzt eine alte Ratte und lange nicht mehr so kampflustig, wie er es in seinen jungen Tagen gewesen, als er die Nestpalisaden des großen Uhus stürmte. Er hatte graue Stoppeln im Bart, und die Farbe des Pelzes fiel ins laubbleiche und nicht mehr in das früher so glanzvolle und tiefe Kastanienbraun.

Er hatte das gewöhnliche Leben eines Marders gelebt, hatte sich durch die Welt geräubert und sich durch seine Schlauheit, Entschlossenheit und seine vielen körperlichen Fertigkeiten Respekt verschafft. Jetzt hatte er, was die letzteren anbetrifft, nichts mehr, dessen er sich rühmen konnte; er war halb steif und zahnlos und lebte hauptsächlich von dem, was er durch seine väterliche Würde einem Sohn abzupressen vermochte.

Klein-Taa artete in allem nach seinem Erzeuger. Er war, wie ein Waldmarder sein soll, voll Schlüpfen in der Pfote, Springen im Lauf und einem ewigen Verlangen nach Blut in den Zähnen; aber er war noch grün und unerfahren ...

Er ließ sich indessen gut an!

An Streitbarkeit des Gemüts übertraf er sogar noch den Vater — und so jung er war, ließ er sich kein Eichhörnchen nehmen, das er mühsam gefangen hatte, ohne vorher entschlossen sein Leben dafür eingesetzt zu haben.

Bei dergleichen dummdreisten Neigungen würde er nicht alt werden, das konnte sein Vater ihm weissagen, aber der große Taa hatte sich nie mit Weissagungen abgegeben.

Nur Einem gegenüber zeigte sich Klein-Taa ungewöhnlich gutmütig; das war so wie es sein sollte, nämlich seinem väterlichen Erzeuger, dem großen Taa gegenüber.

Schlau und erfahren, wie der große Taa war, hatte er den Sohn nämlich von frühester Jugend an daran gewöhnt, seine Beute mit ihm zu teilen.

So oft ward Klein-Taa der leckerste Teil seines Fanges weggenommen, daß er es allmählich als selbstverständliche Pflicht empfand, diesen kräftigen alten Kerl versorgen zu müssen.

Jetzt, wo es Winter mit ungünstigen Witterungsverhältnissen geworden war, und die Spärlichkeit der Beute das Leben noch kümmerlicher für einen alten, abgelebten Marder machte, hing sich der große Taa wie eine Klette an seinen Sohn und wich nie — auch nicht am Tage — von seiner Seite.

Klein-Taa empfand es zuweilen als etwas Naturwidriges, daß sie beide am Tage in derselben Höhle saßen und Grillen fingen, da aber auch für Marder Wohnungsnot herrschte und der Frühling noch nicht in der Luft zu spüren war, fand er sich darein.

Eines Morgens bei Tagesgrauen kehren sie beide schneedurchnäßt heim. Strix hört Vater und Sohn in ihre Behausung schlüpfen und anfangen, sich in ihrer luftigen Stube zu putzen.

Strix sitzt in der ihren über ihnen.

An diesem Morgen sind Spuren im Schnee zu lesen, und die Jäger sind überall auf den Beinen.

Drei große, starke Männer folgen den Mardern auf den Fersen; sie finden den Baum, versuchen hinaufzuklettern, sind aber nicht imstande dazu. Da zünden sie Feuer an der Wurzel des Baumes in dem Loch des Moorschweins an. Das „Schwein" wird gebraten — und es schwält häßlich durch den ganzen mürben Stamm hinauf. Der große Taa niest, und Klein-Taa niest, und auch Strix muß niesen. Jeder von ihnen denkt, daß es ihm gilt.

Aber als die Marder hinausschlüpften, flog auch Strix auf ... Die Jäger schossen den großen Taa. Strix und Klein-Taa bekamen sie nicht.

Wo sollte Strix jetzt nur bleiben?

Die alten Tannen waren dahin, und die Einsamkeit und Waldestiefe um ihre liebe alte Buche auch. Von ihrem ganzen einst so wilden Walde mit Sturmesgebraus und Baumgeknarre waren nur noch einzelne zerstreute Teile übrig, in denen sie früher nie hatte sein mögen. Ein niedriger Jungwald breitete sich überall über den entwässerten Mooren und auf den offenen Stellen aus, und mystische, von Menschen geschaffene Laute hielten sie von Morgendämmerung bis Abend wach. Wo sollte sie nur bleiben?

Es wurde immer gefährlicher für Strix, hier im Walde umherzuschweifen. Die Jäger kamen oft mit Flinte und Hund hierher, und es wurden große Treibjagden abgehalten. Hätte sie das Leben nicht dies und jenes gelehrt, und hätte sie nicht beständig den Platz gewechselt oder sich unsichtbar gemacht, indem sie sich unter großen, halbverfaulten Baumstümpfen und in alten, unbewohnten Fuchsbauten versteckte, so würde es ihr nie gelungen sein, den Jägern zu entkommen.

Mehr und mehr ward es ihr klar, daß sie nun wieder weiter mußte!

In ihren jungen Jahren war sie viel gewandert. Im Herbst und namentlich zur Winterszeit war sie in der Regel von dannen gezogen, und hatte nach Lust und Laune umhergestreift. In späteren Jahren hatte sie sich nicht viel aus diesem Umherstreifen gemacht; sie war geblieben, wo sie war.

Aber nun zwangen die Verhältnisse sie von neuem.

Wohlan, so mußte sie denn fort; sie mußte sich eine neue und bessere Gegend suchen!

— — —

Um die Frühlingszeit werden die uralten Wandergrillen nach Verlauf von Jahren wieder lebendig in Strix — in einer schönen Nacht überkommen sie sie plötzlich wie mit der Unbändigkeit eines Fiebers.

Sie merkt, wie gleichsam ein Trieb, ein Verlangen in ihr aufsteigt. Es ist kein Hunger, nichts, was sie durch ihren Schnabel, durch ihre Fänge befriedigen kann. Es wohnt anderswo als in ihrem Magen und schmerzt auf eine eigene, innere Art. Sie wird unruhig, kann nicht schlafen, nicht still auf dem Zweig sitzen, sondern muß fortwährend mit den Augen zwinkern und die Flügel halb öffnen, wie zum Flug. Das Verlangen wächst und wächst, auf seine Weise genau so, wie der Hunger wächst ... und so steigt sie denn, als der Vollmond blank am Himmel steht und das Licht grell über der Landschaft liegt, wie in einem Rausch über den Waldeswipfeln auf und verschwindet.

Sie wandert, wie hunderte von großen Uhus vor ihr gewandert sind, von den Menschen vertrieben, der Naturruhe und Einsamkeit entgegen, nach denen ihr Sinn stand. Gleich diesen heimgegangenen Vorfahren aus den ländergroßen, jetzt verschwundenen Wäldern hat auch sie dieselbe Liebe, dasselbe innige Bedürfnis, sich auszuscheiden, zu isolieren.

Von Natur ist niemand so ungesellig wie Strix; aber es ist doch, als wenn ihres Zeitalters Überfluß an Menschen sie — die letzte — noch weniger umgänglich gemacht hat.

Ruhe, Ruhe, seufzt sie, wenn sie für sich seufzt; Ruhe ist sozusagen eine Lebensbedingung für sie. Sie kann nicht atmen, nicht gedeihen, wo wie hier Axthieb auf Axthieb fällt, wo Wagengerassel und Pferdegetrappel erschallt, und Menschen und Hunde lärmen. Sie ist der Vogel der großen Einsamkeit! Was die Sonne für die Blumen, ist die Naturruhe für sie; sie muß sie suchen, ihr nachziehen, wie man die Zweige der Bäume sich nach dem Licht krümmen und strecken sieht.

Sie wählt die Nächte zu ihren Flügen und hält sich am Tage still und verborgen in irgendeinem öden Winkel. Sie sitzt in einsamen Torfhütten, in verfallenen Scheunen, in alten Kirchtürmen, die ganz allein liegen. Hier darf sie in der Regel in Frieden sitzen, niemand ahnt ihre Anwesenheit — groß genug ist sie ja, aber sie hinterläßt keine Spur! Es geht ihr nicht wie dem Hirsch, der, wohin er auch immer tritt, einen großen Abdruck seiner breiten Schalen hinterläßt, eine Spur, die eine Unzahl von Schützen und Jägern hervorzaubert.

Das Einzige, was Strix verrät, wenn sie zu lange an einem Ort verweilt, sind die weißen Kalkkleckse die sie aus natürlichen Ursachen um ihren Sitzplatz verbreiten muß.

Aber sie ist scheu und erfahren; sonst wäre es ihr schon längst ergangen wie Uf, und sie wäre nie davor bewahrt worden, das Schicksal des großen Taa zu teilen.

8. Auf der Heide

Der Schimmer des Tagesanbruchs liegt gleich einem ungeheuren Tautropfen und schaukelt über der Erde draußen am östlichen Horizont.

Strix ist geflogen und geflogen —

Jetzt gewahrt sie in der Ferne Wald, sie sieht kuppelförmige Kronen und zahllose Anläufe zu Wipfeln — ein mächtiger Hochwald mit einer Wölbung neben der andern rundet sich üppig vor ihr empor.

Was sie eräugt, sind Heidehügel am Horizont, sind Hünengräber und Wachholderbüsche, die Bäume, an die sie gewöhnt ist.

Bald löst die ferne Fata morgana sich auf — und das ungeheure, schwarzgetönte Heidekrautmeer gibt sich zu erkennen.

Noch ein Kilometer — und als die Sonne aufsteigt, wird das Heidekrautmeer zu der großen herrlichen Naturebene der Heide mit dem Porschgrün der Schluchten und dem Violett der Hügelrundungen. Die unzähligen Heidekrauterhöhungen bekommen Form und Fülle, sie treten hervor und werden für Strix zu Reisern und Büschen. Ameisenroter Eisenocker guckt stellenweise hervor, olivenfarbene Mehlbeerenzweige recken sich über trocknen, natterbeschwerten Flechten empor. Der moosähnliche Wolfsfuß, der grüne Pflanzenwurm der Heide, kriecht mit seinen behaarten Ranken über den Sand hin, auf sie zu; sie erkennt das alles wieder von ihren wilden Streifzügen in ihrer Jugend — und sie fliegt hinein in die Heide bis an eine tiefe Schlucht zwischen ein paar hohen, finstern Hügeln, da läßt sie sich nieder und setzt den Fuß auf den trockenen, knirschenden, mit Renntiermoos bedeckten Boden.

Es durchflutet sie, als sei sie lenztrunken und erfüllt von dem mächtigen Paarungstrieb; ihr wird so munter und leicht, sie wird wild vor Freude ... hier ist noch die Erde in ihrer Ursprünglichkeit, weit und offen mit Mooren und Sümpfen, mit Weide und Porsch und dem Zug der Hügel, der in den Himmel übergeht; ein Überrest Natur von ihrer Natur breitet sich vor ihr aus, mit Ruhe und Großzügigkeit, frei von den vielen Steinhaufen, aus denen immer Rauch und Lärm aufstieg!

Zwischen Heidekraut, so kräftig, daß es in bezug auf Höhe mit den Wachholderbüschen wetteifert, und Strix hoch über dem Kopf zusammenschlägt, watschelt sie den bemoosten, reich mit Porsch bestandenen Abhang hinauf und setzt sich auf den Gipfel eines alten Hünengrabes, das in einsamer Majestät hoch oben auf einem der Hügel thront. Sie sitzt da und keucht nach der Reise und starrt hinaus über ihr neues Heim.

Da hört sie ein Piepsen gerade unter ihren Ständern.

Es ist ein kleines Birkkücken ...

Strix beobachtet mit gespannter Aufmerksamkeit, wie es sich ganz langsam und mit großer Mühe durch das Moos hinaufarbeitet.

Strix hat wohl Lust zu dem Bissen; sie ist hungrig nach der Reise — und schlägt deswegen auf das Kücken nieder.

Da wird der Mooshügel, in dem das Birkkücken sitzt, gleichsam lebendig; es kribbelt und krabbelt um die Fänge der großen Eule herum. Strix will natürlich alles fangen, was kriecht — und sie greift wild und gierig nach alten Seiten um sich.

Endlich meint sie, daß sie genug hat und öffnet vorsichtig die Griffe — da hat sie nur Heidekraut und Moos in den Fängen.

--- ---

Eine Birkhenne, die durch das Erscheinen des großen Uhus überrascht wurde, wußte nichts Besseres und Eiligeres zu tun, als ihre kleinen Küchlein in das Moos einzugraben; dort sollten sie stillsitzen, solange der große Fänger ausruhte. Nun hätte ein kleines ungehorsames Junges um ein Haar die ganze Brut in Gefahr gebracht!

Strix nimmt sich ihr Mißgeschick nicht weiter zu Herzen, sie betrachtet das Ereignis als eine Art wohlgemeinten aber schlecht ins Werk gesetzten Willkomm.

Jetzt will sie sich eine Wohnung suchen.

Und sie fliegt eine Wendung nach der andern und stolziert auf ihren unbeholfenen, behosten Fängen, während sie mit rollenden Flügeln zwischen den Heidekrauthügeln herumsucht.

Da hört sie es auf der andern Seite des Hünengrabes brummen. Es ist, als erwache jemand da unten und spräche laut mit sich selbst, während er sich in aller Eile fertig macht.

Das Gebrumme des Reisenden klingt immer mürrischer; Strix fliegt aus Neugier dahin — und sieht eine große Hummel aus einem Fuchsloch herauskrabbeln.

Hu — Hu — Hu! schilt die Hummel und setzt mit einem gierigen und honigerpichten Brummen über den Kopf der Eule hinweg.

Diesmal ist der Willkomm hübsch ins Werk gesetzt, meint Strix! Der Fuchsbau riecht ja freilich ein wenig, ja, er stinkt; aber das ist ja nur heimatlich. Sie watschelt in den Eingang des Loches hinein und scharrt sich eine Vertiefung, einen richtigen Nestraum mit Wölbung und reichlich Platz zum Rühren; hier läßt sie sich nieder.

Reineke kommt früh heute morgen und sehr angegriffen von der Nachtjagd. Er geht halb im Schlaf und hält den großen Uhu für das, was er unter einem Gespenst versteht.

Er ist nur ein kleiner Fuchs, ein Dieb, der sich auf Art der Diebe leicht erschrecken läßt. Sein Körper ist schlaff, die Gesichtshaut sitzt ihm in Falten, die Lefzen hängen herab und seine listigen Lichter haben einen eigenen melancholischen Ausdruck.

Er sieht so aus, als habe er an Nahrungssorgen gelitten — von der Art, die ihren Mann zeichnen und ihn engherzig und hohlwangig machen.

Der Fuchs ist abgelebt — das ist die Sache! Die Eckzähne im Unterkiefer sind bis auf die Höhe der Vorderzähne abgeschliffen, seine Krallen sind eckig und stumpf — er kann nicht mehr fangen.

So kommt es denn aus diesem Anlaß zu keiner Prügelei. „Das Gespenst" ist standhaft; es hält sich Stunde auf Stunde in dem Bau, und so oft auch Reineke seine Nase hereinsteckt, bekommt er sie mit großen, perlenden Blutstropfen an der Spitze zurück. Schließlich ist die Sache entschieden; der Bau ist besetzt, Strix wohnt da!

Und dann geht Reinecke durch die Hintertür.

———

Eine lange Zeit behält Strix ihre Wohnung hier bei dem Heidefuchs, sie sitzt warm in seinem Bau, in Schutz vor Regen und Sturm und geschützt gegen das blendende Tageslicht.

Wenn der Fuchs nach Hause kommt und seine Einquartierung vergessen hat, wenn er sich in der Tür irrt und durch den Haupteingang geht, wie er es sonst immer gewohnt gewesen ist, bläst Strix sich auf und versetzt ihm einen Hieb mit einem ihrer Fänge ... das hilft dann seinem Gedächtnis für eine Woche auf.

Auf der Heide findet Strix Ruhe — der Kampf um ihre Ernährung fordert alle ihre Kräfte.

Sie fängt Regenpfeifer und junge Kuckucks und Brachvögel, wenn sie im August kommen und sich in dem Maße mit Heidelbeeren mästen, daß ihr Bürzel ganz schwarz davon wird. Sie fängt Stachelschweine und frißt sie mit Haut und Haar, und ohne Rücksicht auf die scharfen Stacheln zu nehmen. Sie nimmt auch Fische und Kreuzottern und Nattern. Und wenn der Tag zur Rüste geht und die Sonne hinter den Hügeln versinkt, wenn der Sommerwind sich legt und alles so wunderbar kühl wird, wenn die Blumen nach des Tages Arbeit ihren starken Duft ausatmen und der Schlaf sich schwer über die Landschaft legt, dann fliegt sie umher nach den fernen, einsam gelegenen Höfen und fängt ihre leckerste Speise.

Alle Menschen sind in ihren Steinhöhlen, nur ihre Gewänder —: Frauenhemden und Strümpfe, Socken und Männerhemden, die zum Trocknen hinausgehängt sind, nehmen noch den Kampf mit der Finsternis auf.

Da wimmert und pfeift und schreit es um die Gebäude herum, da heult es in der Nacht, gierig und garstig, während Strix die von den Menschen fett gemachten Ratten kröpft.

Alle ihre Jagdmethoden wendet Strix hier in der Heide an; sie macht Birkhühner und Hasen bange mit ihrem Geheul, schlägt sie in der Luft und im Fluge. Sie entreißt auch andern Raubtieren ihren Raub, wo sie dank ihrer Überrumpelungstaktik ihre Nebenbuhler von hinten überfallen kann.

Eines Abends segelt sie lautlos über die Heide ...

Sie streicht ganz niedrig und folgt den Windungen des Bachlaufes durch den langen, grasgefüllten Talboden. Da hört sie plötzlich unter sich einen klagenden, jammernden Laut und gewahrt nun zwei engverschlungene Gestalten, die sich im Wasser tummeln. Sie schießen in die Tiefe hinab, kommen plötzlich wieder zum Vorschein und treten Wasser, so daß der Bach schäumt.

Es sind zwei Ottern im Kampf.

Nach einer Weile arbeiten sie sich an Land und kämpfen dort weiter ...

Der eine hat einen leckern Fisch im Maul, und dem gilt der Kampf.

Strix schlägt zwischen ihnen nieder und setzt ihren Fang auf den Fisch. Da sitzt sie dann, äugt mit den Lichtern bald den einen, bald den andern an und versetzt ihnen einen Schlag mit dem Flügel, wenn ihre fauchenden Gesichter ihr ein wenig zu nahe kommen.

Dann auf einmal fliegt sie mit der Beute auf!

Da werden die beiden wütenden Gegner im Handumdrehen Busenfreunde, sie springen hoch in die Luft empor, ihr nach.

— — —

Hier auf der Heide liegt ein altes Eichengestrüpp. Es liegt auf einem Hügelabhang, nicht weit von dem Hünengrab, in dem sich der Fuchsbau befindet. Das struppige Heidekraut reicht den kleinen, verrenkten Eichenkrüppeln an vielen Stellen weit über den Kopf. Aber die Knirpse sind trotzig — sie krümmen sich zu einer dichten und umfangreichen Krone, indem sie die Zweige wild und heftig um sich schlingen. An den Zweigen wachsen Blätter — und dieser Sonnenschirm benimmt dem Heidekraut den Mut.

Höher hinauf an den Abhängen, wo die Knirpse in Gesellschaft stehen und durch ihr Zusammenhalten Macht gewinnen, muß sich das Heidekraut damit begnügen, eine Verbrämung um die Lichtungen zu bilden.

Und ganz oben auf dem Hügelrücken werden sie zu Bäumen, die fast Manneshöhe erreichen.

Diese Bäume nennen die Heidebauern „Wald!"

Es ist wilder Wald: keine Steige außer denen, die das Wild tritt, finden sich hier. Hier wachsen Zitteraspen zwischen Ebereschen. Und Adlerfarne zwischen den Zitteraspen. Das Geisblatt duftet. Hier ist Lauberde und Waldboden und Maiblümchen und Schatten hier auf der Heide! Im Frühling kommen hier Anemonen und im Herbst Pilze, und die Eichen tragen kleine, verkrüppelte Eicheln.

Ein Stelldichein für Tiere und Vögel ist dies Gestrüpp — ein Sammelplatz für die Insekten! Sie feiern die Ankunft jedes Warmblütlers und wimmeln ihm tanzend entgegen, wie Wilde bei der Landung eines vornehmen Europäers.

In diesem Gestrüpp schlägt Strix manch einen leckern Raub!

Es ist ein holdseliger Morgen!

Der Kuckuck ruft über die Heide hin, und im Eichengestrüpp zwischen blühendem Ginster und dichtbelaubten Ebereschen sitzt der kleine Bluthänfling mit der ziegelroten Brust und singt.

Strix hat sich am Rande des Gestrüpps auf einen alten Grenzwall zwischen einer Gruppe steifer Adlerfarnen und dem rötlichen, zarten Laub der Eichenschößlinge versteckt.

Es gluckert und ruft drinnen im Heidekraut ...

Jetzt schwingt sich eine Lerche mit kraftvollem Morgengezwitscher aus den taufeuchten, dicht benadelten Heidekrautbüschen empor, ruhig und selbstverständlich steigt sie dem Blau entgegen. Strix blinzelt mit dem einen Auge nach der Richtung hin — ja, da gewahrt sie den Ton! Eine Schwalbe bestreicht den Grenzwall längsschiffs und fängt Fliegen gerade über ihrem Kopf wie ein Fischdampfer Heringe im Schleppnetz; sie hört ihre Flügel schwirren. Es wimmelt in den Kräutern um sie herum; allerlei Gewürm eilt Stengel auf Stengel ab, es krabbelt, mißt, klettert und spinnt sich vorwärts.

Da sieht sie auf einmal durch den Ausguck der Laubhütte einen graubraunen Vogel mit gestrecktem Hals und hocherhobenem Kopf aus dem Heidekraut herausschreiten. Ein Schwarm von behenden, braunschwarzen Geschöpfen, nicht größer als welke Blätter, brodelt wie ein Ameisenhaufen rings um sie herum. Es ist ein Rebhuhn mit seinen Küchlein.

Das Huhn hüpft in die Höhe und wirft den Kleinen Grashalme hinab, es überholt eine Libelle, die über einen Sandfleck dahinschießt, und zerhackt sie in feine, feine Stücke, und nun wühlt es einen von den Haufen der weißen Ameisen auf ...

Hinter dem Eichenlaub und den Adlerfarnen schießt etwas wie ein großer brauner Pilz auf.

 Da verstummt der Hänfling plötzlich in seinem Gesange, die Schwalbe, die dahergestrichen kommt, fängt an zu zwitschern und zu schreien, das Rebhuhn, dem der Wink gegolten hat, stößt ein warnendes Glucksen aus — und alle Blätter bekommen Beine zum Laufen.

Strix verläßt ihr Versteck! Es raschelt in den Adlerfarnen und kracht in den Brombeerranken. Aber sie hat sich zu gut versteckt —: ehe sie sich freimachen konnte, hat die kleine glückliche Familie sich gerettet!

Ein leises Geräusch in einem Moosbüschel dicht neben der Stelle, wo Strix sich niedergelassen hat, macht sie indessen glauben, daß dort vielleicht ein kleines Rebhuhn unter dem Moos versteckt sitzt — und mit einem kräftigen Hieb schließt sie ihren Fang um den Büschel.

Was sie faßt, fühlt sich wie ein Stock an; er rollt unter ihr, — und im nächsten Augenblick erhebt eine große, braune Kreuzotter ihren schuppenrasselnden Leib vor ihr in die Höhe.

Auch sie ist auf Rebhuhnjagd aus!

Die Schlange wohnt hier im Heidegestrüpp längs des alten Grenzwalls und pflegt eine gewisse Jahreseinnahme von ihren Hühnern zu haben.

Vor drei, vier Tagen hat sie eine große Beute gemacht. Da war sie über die Küchlein hergefallen, die noch so klein waren, daß sie keine Kraft in den Ständern hatten. Schon hatte sie zwei umgebracht, sie lagen zerkaut und mit Schleim übergeifert da, aber es war ihr nicht möglich gewesen Ruhe zu finden, um sie zu verschlingen. Wenn sie gerade dabei war, fuhren die rasenden Eltern auf sie ein; der Hahn krähte laut und das Huhn schlug sie mit den Flügeln in die Augen und kratzte sie mit seinen scharfen Krallen. Unablässig hatte sie zischen und mit der Zunge spielen und ausweichen müssen, wie vor Feuer und Rauch.

Endlich war es ihr gelungen, des dritten Küchleins habhaft zu werden; das Kleine lag da und spattelte in den letzten Zügen. Da packte sie es und sauste damit von dannen; sie trug es im Maul hoch erhoben über dem Heidekraut — und ging dann mit ihm in ihre Erdhöhle hinunter. Hier hatte sie es sich in Ruhe und Frieden einverleibt.

Aber das Malheur mit den beiden andern kitzelte ihr noch immer den Gaumen. Hätte sie bekommen, was ihr zukam, die drei Jungen statt des einen, so hätte sie ruhig faulenzen und sich an Nachttau und Tagessonne gütlich tun können. Nun fühlte sie sich nach ein paar Tagen wieder so schlank im Leibe — sie mußte hinaus, sie mußte etwas zu fressen haben!

Im Laufe der Nacht war sie in einem Dutzend Mäuselöchern bis auf den Grund gewesen. Aber nirgends traf sie jemand zu Hause. Dann hatte sie sich am Rande des Eichengestrüpps versteckt, wo sie in ihrem rechtmäßigen Revier lag und lauerte, als sie auf einmal urplötzlich in ihrer Jagd gestört wurde.

Die Schlange ist ein großes, rotbraunes Weibchen mit einem schwarzen Blitzstrahl am Rücken entlang. Sie mißt fast eines Armes Länge und ist stellenweise so beleibt, daß sie beinahe die Dicke eines Handgelenks hat. Als sie sich von dem Griff ihres brutalen Gegners befreit hat, rollt sie sich in einer Spirale zusammen, den flach gedrückten, eigentümlich herzförmigen Kopf klar zum Angriff über dem Gipfel der bebenden Körperringe erhoben.

Sie ist ergrimmt und erregt! Ihre kleinen verräterischen Augen blitzen und funkeln vor List und Bosheit. Ihr breiter Rücken und die Bauchmuskeln arbeiten krampfhaft und wringen und krümmen sich nach der unsanften Behandlung in Strix' Fängen. Ihr kurzer, rundlicher Schwanz, der gewöhnlich steif wie ein Stock unter ihr zu liegen pflegt, fährt ununterbrochen wie ein tickender Pendel über den Sand hin und her.

Strix erwacht im Handumdrehen aus dem Fangerausch; steif wie ein kalkuttischer Hahn in Ekstase, die Lichter in den Augen der Schlange, dreht sie sich nach ihr hin. Wie von einer plötzlichen Eingebung getrieben, rollt sich die Kreuzotter aus ihrer zusammengewickelten Stellung, um bis an den Ständer der Eule zu gelangen und sich darum herum zu winden; Strix aber befreit sich mit einem Satz rechtzeitig aus den Schlingen. Da wechselt die Schlange die Taktik und richtet sich auf. Mit spielender Zunge und grausam starrenden Augen hängt sie vor Strix, sie siedet wie ein Teekessel und baumelt in der Luft wie ein großes umgekehrtes Fragezeichen.

Strix bläst sich zu doppelter Größe auf; sie sträubt ihre Federn wie ein Stachelschwein seine Stacheln, dann macht sie einen blitzschnellen Ausfall und schlägt mit einem ihrer Flügel nach dem Heidewurm.

Die Schlange stürzt sich auf den Flügel und bohrt ihre stark gekrümmten, nadelspitzen Giftzähne durch die weichen Federn, sie preßt die Zähne bis auf den Grund und läßt in bester Absicht mit ruhig geschlossenen Augen das Gift strömen.

Zum Glück für Strix ist es nur eine der hohlen Posen der Schwanzfedern, die die Schlange füllt — und sie schüttelt sie schnell ab.

Da richtet sich der Heidewurm nochmals auf — und diesmal bis zu zwei Dritteln seiner Länge; er schiebt sich lotrecht in die Höhe und so hoch, wie er nur kommen kann, nur sein kurzer, rundlicher Schwanzstummel ruht vom Afterloch bis zur Spitze als tragendes Fundament auf dem Erdboden. Sein schleimgefüllter, eiterspeiender Rachen ist auf Strix' Kopf gerichtet, er kocht stark und rasselt mit seinen schuppenförmigen Bauchhäuten, während er schwarze Doppelblitze aus seiner drahtdünnen, tiefgespaltenen Zunge entsendet.

Strix ihrerseits ist auch nicht müßig! Ihre hornartigen Nasenlöcher beben und gellen wie von der Luft aufgeweitete Trompetentrichter, und sie träufeln reichlich während ihres Fauchens und Zischens. Sie wiegt sich elastisch auf den federbehosten Ständern, bereit zu Parade und Ausfall.

Da hat sie plötzlich ein Gefühl, als schlage ein eiskalter Schneeklumpen gegen eins ihrer Augen! Die Schlange ist ihr bei ihrem Ausfall dicht auf den Leib gerückt, ehe Strix sich mit dem Schild ihrer Flügel hat decken können — und nun sticht sie sie gerade unter das Auge in die feinbedaunte, empfindliche Haut des Augenlides. Da sie aber schon einmal, nur vor Sekunden, sich zur Genüge entladen hat, vermag sie — zum Glück für Strix — den Stich nicht mit ihrem Gift nachzufüllen.

Strix empfindet nur einen beißenden, brennenden Schmerz — und bis zur Raserei gereizt, langt sie mit ihrem Fang aus. Und diesmal hat sie die Kralle voll; sie packt die Schlange an ihrer schwächsten Stelle, greift sie um den Halsstengel gerade hinten in den Nacken — und sie breitet die Flügel aus und hebt sich mit ihr in die Luft empor. Gleich einem langen Ende Tau schleppt die Kreuzotter ein Stück am Erdboden hinter ihr drein ...

Vergebens sucht die Schlange sich mit dem Schwanz festzuhaken; die Fahrt ist schon zu schnell, als daß es glücken könnte. Da, als sie merkt, daß der Erdboden unter ihr schwindet, zieht sie schnell ihren geschmeidigen Körper in die Höhe — und nun schlingt sie sich um den Leib ihres fliegenden Widersachers. Die Schlange hat Kräfte — und schwer ist sie! Doch Strix ist gewohnt, mit größeren Lasten umzuspringen. Sie hat ja früher ein junges Zicklein weggeschleppt, und sie hat sich nicht gescheut, mit einem Rehkitz anzubinden, fast täglich kämpft sie mit Birkhühnern und Hasen, die tüchtig um sich beißen und kratzen können; mit der Schlange wird sie schon fertig werden — wenigstens vorläufig noch!

Es ist Strix' Absicht, sie plötzlich loszulassen, so daß sie herabfällt; von dieser Taktik hat sie die wunderbarsten Erfolge erlebt! So wie die Krähe, die sich der widerspenstigen Muschel gegenüber, die sich nicht bereitwillig öffnen will, zu helfen weiß, indem sie sie in den Schnabel nimmt und über einen großen Stein mit ihr aufsteigt, um sie darauf plötzlich herabfallen zu lassen — so kennt auch Strix ihr Gesetz der Schwerkraft.

Aber das abscheuliche Gewürm scheint Strix nicht loslassen zu wollen! Immer dichter windet es sich um ihren Leib; sie fühlt seinen naßkalten, geschmeidigen Schwanz sich unablässig unter ihre Daunen hineinbohren und mit seiner stumpfen Spitze überall prickeln.

Mit einem Trotz und Eigensinn, der der großen Bubo eigen ist, hält sie beständig den Hals der Kreuzotter in ihrem Schraubenstock fest. Die Schlange windet den Nacken nach allen Richtungen und versucht bald mit heftigem Rucken, bald mit List und Vorsicht den Kopf so weit zu befreien, daß er seine Hauzähne wieder gebrauchen kann. Ihre großen Giftbehälter haben jetzt wieder das Bedürfnis, entleert zu werden; der Notwehrtrieb und die Wildheit, die sie vorhin so stark zapften, haben wieder Überfluß an der tötenden Flüssigkeit geschaffen.

Schon mehrmals ist es der Schlange gelungen, den einen ihrer spitzen, kegelförmigen Giftzähne in der Richtung nach dem Fang der Eule zu winden, aber der Zahn ist abgeprallt an der harten, hornartigen Haut.

Strix wackelt in der Luft. Die Schlange windet und krümmt sich, so daß es durch Strix' Schenkelbeine zittert; sie schwankt hierhin und dahin, wie ein havarierter Ballon, der mit der Schwere seiner schon von der Erde gefangenen Gondel kämpft.

Aber Strix ist ein alter Uhu; sie läßt sich nicht so leicht erschrecken!

Wie oft hat sie nicht mit einer widerspenstigen Beute ringen müssen. Niemand ergab sich ja gutwillig, niemand wollte aus freien Stücken in ihren roten dampfenden Rachen hinein; selbst der Maulwurf und das angstgelähmte kleine Moorschwein sind, wenn es galt, nicht bange gewesen, sie fühlen zu lassen, daß sie Zähne hatten.

Dann gelingt es ihr, auch ihren andern Fang nutzbar zu machen. Sie umklammert damit den dicken Kreuzotterleib und preßt ihn so, daß die Schlange ihren stinkenden Unrat von sich gibt und der Schlangenbauch unter ihrer Umklammerung aufschwillt.

Da läßt die Kreuzotter los.

Es ist auch höchste Zeit, denn in ihrer Todesangst hat sie sich rund um Strix' Flügel gerollt, sie preßt den Federfächer zusammen, so daß die eine von Strix' Tragflächen immer kleiner wird — sie hat schon lange mit den Flügeln schlagen müssen, um nicht in der Luft zu kentern.

Überwunden ist die Schlange jedoch nicht!

Im nächsten Nu fühlt Strix sie um ihre Ständer, und ihre mächtigen Fänge werden jammervoll zusammengeschnürt. Die Schlange wickelt sich rund um sie herum, bis der dicke Teil ihres Körpers in Schlingen und Krümmungen übereinander liegt, wie die Windungen in einer aufgeschossenen Trosse.

Auf diese Weise hat Strix noch nie einen Fang gemacht. Ihr ist zumute, als wenn sie in einem Anfall wahnsinnigen Hungers sich hat verleiten lassen, die Fänge in einen Klumpen Harz zu schlagen, von dem sie sich nie wieder befreien kann — und sie windet und verrückt sie und bohrt in ihrer Verzweiflung ihre langen, pfriemspitzen Krallen, die kleinen Krummsäbel ihrer Fänge, bis auf den Grund in das Fleisch der Kreuzotter. Es quillt heraus und siedet um sie auf.

Da gebiert die Schlange; eines nach dem andern gehen ihr zehn lebende Junge ab!

Aber damit ist auch ihre Lebenskraft erschöpft. Ihr dicker, geschwollener Hinterkörper schwindet an Umfang. Die Windungen in der lebenden Trosse erschlaffen, sie gleiten auseinander und rollen sich ab — eine langes Tauende baumelt leblos herunter.

— — —

Strix aber behielt die Kreuzotter einen ganzen Tag und eine ganze Nacht in ihren Fängen; sie saß in ihrer Höhle innerhalb des Fuchsbaus und schlief damit.

Dann kröpfte sie ihre Beute mit gutem Appetit!

Die Heide blüht!

Die bisher so eintönige Fläche der braunen Heide zaubert jetzt auf einmal die sieben Farben des Regenbogens vor Augen — und so gewaltsam ist die Blüte, daß gleichsam ein Nebel von Violett von allen Hügeln und Schluchtenrändern aufsteigt. Die Heidebeere wird schwarz, die Preiselbeere wird einmacherot und die Blaubeere tiefblau wie ein Nachthimmel. Auf den kahlen Stellen im Renntiermoos streckt der Bärlapp seine weißlich-gelben Staubfäden in die Höhe, und rings umher an den Ufern des seichten Moors wimmelt es rostrot von rundblätterigem Sonnentau; zu tausenden wimmelt er hier empor, der kleine Insektenfresser — und jede Pflanze klemmt eine schwarze, zusammengedrückte kleine Fliegenleiche in ihrem kleberigen Schoß.

Strix ist aus dem Fuchsbau in das alte Eichengestrüpp übergesiedelt; sie hat versehentlich den rechtmäßigen Inhaber des Baues aufgefressen.

Eines Nachts saß sie auf dem Hünengrabe ... der Donner rollte über die Heide, und die Blitze knatterten; es war so erstickend heiß, daß es ihr den Atem benahm. Das ungemütliche Wetter machte sie wie gewöhnlich reizbar, sie fühlte sich boshaft, grausam und rachgierig.

Da kehrte ihr alter, gutmütiger Wirt heim und schnupperte in aller Unschuld an den kümmerlichen Überresten eines Birkhuhns. Das war ihr Birkhuhn; sie hatte es in der Dämmerstunde geschlagen und gleich bis auf wenige Überbleibsel gekröpft. Der Anblick Reinekes dort bei ihrem Raube schaffte dem Gewitter in ihrem Innern plötzlich Luft — und ohne weiteren nachweisbaren Grund flog sie hinterrücks auf ihn los und schlug ihm ihre acht Krummesser tief zwischen die Rippen. Er riß sich los und sprang auf sie ein; sie aber überspritzte ihn mit Kalk und stieg auf ihren Flügeln in die Luft empor.

Dann war Reineke in seinen Bau geschlichen. Strix hatte ihren Birkhuhnrest verzehrt und sich zum Schlaf in ihre Höhle gesetzt.

Plötzlich aber war er — stöhnend, hustend und röchelnd — vor ihre Eingangstür gekrochen und hatte, gleichsam reuevoll, weil er fehl gegangen, seinen zottigen Kopf vor sie hingelegt.

Sie versetzte ihm einen Schlag mit der Kralle! Er rührte sich nicht. Sie versetzte ihm noch einen. Er schlief noch ebenso fest. —

Da löste sie das weiche Fleisch von seinen stumpfen Zähnen — und kröpfte später weiter, so oft sie Appetit hatte.

Aber eines schönen Nachts fing sein Fleisch an, bitter zu schmecken, und sie konnte nun auch nicht weiter in den Bau hineinkommen. Fliegen und Aasgräber wimmelten in ihre Höhle hinein, und diese ungeladenen Gäste störten sie im Schlafe — so war sie denn ausgezogen.

Tief drinnen im Eichengestrüpp, wo selbst der wilde Westwind nicht imstande ist, hineinzugelangen, wo das Wiesel sein Nest in Gemeinschaft mit Bussard und Turmfalk hat, da wohnt sie. Die kleinen Eichenkrüppel, die die Laubhütte bilden, in der sie sitzt, sind mit Flechten und schwarzgrünem Moos dicht bepelzt.

Oft am Tage, wenn sie erwacht und zwischen dem Flitter des Laubes zum Himmel hinauflugt, der so blau aussieht, geschieht es wohl, daß das Guckloch sich auf einmal verdunkelt, eine Wolke gleitet davor, eine lebende, flimmernde Wolke aus Grau und Blau und Weiß und Flügeln. Bald ist es eine Taubenwolke, bald eine Starwolke mit überstarker, übermütiger Brut! Oder auch der lebende Schneeflug, Wildgänse in einem Keil, zieht mit Gegacker und Geschrei über ihrem Kopf hin.

Wohin geht ihr Flug? — Weit fort, gen Süden, über ferne, sich gelb färbende Wälder.

Da sträubt sie die Federbüsche; sie kann den Lärm der Vogelschar hören, schon lange, bevor sie da sind. Es klingt wie ferner, rollender Donner.

Der Herbst ist im Anmarsch.

Bald wird das Korn von den Feldern eingefahren, und auf den einsamen Heidehöfen heimst die Hungerharke die Überreste ein. Tausende von Feldmäusen, die im Überfluß geschwelgt haben, merken, daß sie arm und ärmer werden. Früher brauchten sie nur an den Halmen hinaufzurennen und die Ähre hinabzubiegen, dann wurde sie mit den Zähnen abgeschnitten und heimgetragen — hinunter in das Mauseloch. Jetzt muß man mühselig nach einer Ähre suchen, lange Wege laufen — und findet man sie, so ist man glücklich, wenn sie nur nicht verschimmelt ist oder nicht schon längst gekeimt hat.

Aber es soll noch schlimmer werden! Die Rolle, die eine Ähre früher gespielt hat, wird bald von einem Korn übernommen.

Die Mäuse huschen zwischen den Stoppeln umher ... sie haben ihre Gänge und Schlupfwinkel über das ganze Feld; es ist gleichsam von ihren Tunneln untergraben. Und ein Loch liegt neben dem andern, schräge geht es hinab und bestimmt guckt es aus der Erde hervor mit einem Kissen aus herausgetragenen Erdklümpchen am Ende ... die Mäuse suchen unablässig nach Körnern. Aber sie sind noch nicht sparsamer geworden, nein, dazu müssen sie mehr Mißgeschick, größeres Unglück erleiden — dann kommt der Schälpflug und wendet das Tischtuch um, so daß die Brocken und sie selbst darunter geraten.

Und nun beginnt die Not — und damit die große, alljährliche Auswanderung. Bei Tag wie bei Nacht, hauptsächlich aber bei Nacht, zieht ein Strom von kleinen Nagetieren aus den Feldern auf die Heide hinüber. Ein einzelner fester Stamm, der ein ordentliches Mauseloch hat, in das kein Regen hineinläuft, und hinreichenden Vorrat, von dem er zehren kann, bleibt an Gräben und Hecken zurück, die übrigen aber wandern und wandern ...

In solchen Tagen bekommt das alte Eichengestrüpp „Eulenbrot".

Strix nimmt Gottes Gaben in Empfang, lange ehe sie zu ihr hereinkommen. Im Halblicht der Dämmerung fliegt sie weit hinaus auf die Heide und setzt sich, als Granitstein oder Heidehügel vermummt, dort hin und läßt die wandernden Mäuse ganz dicht an sich herankommen. Dann lähmt sie sie, wie sie tausende vor ihnen gelähmt hat — und nun kann sie nur zulangen und in sich hineinstopfen.

— — —

Jetzt ist die Luft rauh und naßkalt und eisige Regenschauer gehen nieder — der Schoß der Heide wird blumenleer, wildleer und unfruchtbar. Die Laubhütte wird zu Feuchtigkeit und das Eichengestrüpp bildet ein Bauer aus Zweigen um sie her.

Sie zieht in einen verfallenen Torfschuppen draußen in einem großen Moor und lebt hier eine Weile herrlich und in Freuden von hereinwimmelnden Ratten. Von allen Seiten wittern sie diese einzige warme Behausung mit ihrer Streu und ihrem Dünger.

Ratten sind ein Leckerbissen für Strix! Und doch — recht lange, das fühlt sie, hält sie die Heide nicht aus: wenn sie in den bebenden Heidekrautbüscheln den schwachen Ton eines mächtigen Brausens spürt, steigt das Bild des Waldes in ihrem Innern auf.

Der Wald ist ihr Bereich! Der Wald ist warm und traulich in jedem Wetter ... bei Sonne und Windstille wie bei Sturm und Regen. Selbst die Oktoberstürme verschwinden ja im Walde, und wenn die kalten Regenschauer des Novembers kommen, nimmt er ihnen das Übermütige, so daß man das Plätschern nur weich und sanft empfindet.

Und der Wald fährt fort, sie zu locken, sie zu betören, in ihren Träumen zu spuken.

Ho—o, heult sie, ho—o! Der Wald in Sturm und Nässe, wenn man doch geborgen in seinem hohlen Stamm säße ... ja, dabei bleibt sie: Regenwetter im Walde mit den plaudernden Tropfen ist das Unterhaltendste, was sie sich denken kann!

Und dann eines Nachts macht sie sich auf, mit langem, hastigem Flügelschlagen streicht sie dahin, quer zum Winde. Sie hat es im Gefühl, welchen Weg sie einschlagen soll. Ein Gestank von Schornsteinrauch, ein Strahlen von Licht aus den Steinhöhlen der Menschen stößt sie ab, immer weiter, weiter — in entgegengesetzter Richtung von ihrem früheren Heim und den jetzt so fernen Hochwäldern am innersten Ende der Förde.

Wochenlang streift sie umher, duldet Hunger und leidet unter bösem Wetter, bis plötzlich eines Morgens ein Duft von sonnengesättigter Baumrinde und säuerlichem Waldboden sie an der Nase hinter sich dreinzieht.

Welche Wonne, als sie durch gelb gewordene Kronen jagt und die Moderluft des Laubfalls in ihren Nasenlöchern spürt — es ist, als wenn ein verspäteter, ausharrender Sommerfrischler an einem trübseligen und regenkalten Herbstabend wieder eingefangen wird von dem Lärm seiner geliebten Großstadt.

9. Im Kampf mit einem Adler

Es ist spät am Nachmittage.

Das fahle Licht des Wintertages wird noch fahler, die Dämmerung quillt förmlich aus den Wolken herab. Die Luft ist scharf, und der Ostwind, der seit Tagesgrauen geheult hat, nimmt mehr und mehr zu.

Strix sitzt in ihrer warmen Holzhütte tief unten in dem Bauch einer alten Esche ...

Der Wald, den sie vorgefunden hat, liegt tief zwischen Hügeln, und ist der letzte, von den einstmals so zahlreichen Wäldern in dem großen Fördendistrikt. Eine öde Gegend zieht sich zwischen ihm und der Heide hin — und auf der entgegengesetzten Seite, nur eine Meile entfernt, braust das Meer.

Strix schläft am Tage und träumt und sitzt unbeweglich, als sei sie ein großes unverzehrtes Stück von dem Mark des Baumes. Aber selbst im Schlaf hört sie und hat zuverlässige Empfindungen.

Den ganzen Tag hat die Kronenwölbung gebrummt. Ein surrender, orgeltiefer Laut ist von ihr ausgegangen. Es hat so hohl, so dumpf getönt ... das ist der Gesang des Schneegesauses.

Bald ein Menschenalter hat Strix nun gelebt und den Wechsel der Jahreszeiten verfolgt; sie kennt dies Sausen nur zu gut. Es wächst, wird stärker und stärker — und wie es zunimmt, während der Abend zur Rüste geht, werden alle andern Laute gedämpft; ihre Klangfarbe wird ihnen genommen. Selbst die nächsten werden gleichsam von weitem weggezogen und klingen schließlich ganz fern. Das Bum-Bum der großen Wassermühle, das Knurren dieses wunderlichen, von Menschen geliebten Raubtieres, das sie zu hören gewohnt ist, wenn ein Ostwind weht, wird schwächer und schwächer; sie merkt auch kein Fallen von Zweigen mehr, und das Heulen und Knarren der Bäume ist ohne tönenden Schallboden; jegliches Geräusch und Getöse wird gleichsam von Federn aufgefangen.

Der Schneesturm stiefelt über Wald und Heide, über Wiese und Moor hin, verkittet und löscht aus — nur die rinnenden Gewässer liegen wie vorher da, grauschwarz und offen. Über die blanken Eisgürtel auf den stillen Mooren, die sich wie ein Keil in den Wald hineintreiben, gleitet das Gestöber in breiter Schlachtordnung dahin, bis es plötzlich aufgewirbelt und in eine Schneeschlange verwandelt wird, die auf dem Schwanz steht.

Es dunkelt in der Baumtiefe um Strix herum. Ihre lichtstarken Augen können das Spinnengewebe nicht mehr sehen, das von dem Schlackerwetter fortwährend auf und nieder geschaukelt wird. Immer weniger scharf hebt sich der Eingang da oben zu ihrem Hause ab ... die Nacht, die sie so sehr liebt, naht.

Besonnen erklimmt sie die Treppe und sitzt in der Tür und heult: die Erde hat ja die Farbe gewechselt, wie die Bäume die Rinde, die Natur ist verwandelt, ihr alter Bekannter aus dem Wunderland gen Norden, der Winter — das Weißwetter — ist gekommen! Mit einem Satz fliegt sie hinaus und hinab in den Schnee, sie badet sich darin, sie tummelt sich darin wie eine Ente im Wasser!

— — —

Der Schneesturm aber nimmt zu.

Sprung auf Sprung wirft sich das Gestöber gegen den Wald. Es wirbelt vom Waldessaum her, es stiebt aus den Wipfeln herab, es ist, als falle der Himmel in weißen kleinen Stückchen nieder, ununterbrochen ... ein Wolfswetter, das drei Tage und drei Nächte anhält!

In einem solchen Wetter werden alle Raubtiere reizbar; es wird ihnen schwer, Beute zu finden, und sie haben kein Glück beim Fang. Alle Grasfresser suchen ihr Versteck auf; die zanksüchtigen unter ihnen werden friedlich und die streitbaren fügsam, sie erkennen ihre gemeinsame Ohnmacht und halten sich notgedrungen in Ruhe. Den Raubtieren ergeht es umgekehrt. Das Wetter peitscht sie auf, sie empfinden den Hunger doppelt, die Mordlust wird angespornt, und sie spüren einen eigenartig brennenden Durst nach Blut.

Es ist mitten in der Nacht nach dem dritten Tage.

Der Schneesturm hat sich gelegt, und der Wald liegt reifüberpudert und mit großen Schneeklecksen da. Abenteuerlich sieht er aus — großartig phantastisch erscheint er in der Dunkelheit.

Alle Blattknospen in den Windeln, alle Anemonen in der schwarzen Fruchterde, die Puppen, die zu Schmetterlingen werden, die Larven, aus denen sich einstmals beschwingte Insekten entwickeln sollen, sehen ihn — ohne ihn zu sehen — im Traume!

Ja, es ist, als wenn die Erde, auf der der Wald steht, selbst träumt — und der Wald in seinem phantastisch weißen Wetterkleide ist der wundervolle Mitwintertraum der Erde!

Der Vollmond, der rot und groß und flachgedrückt aus dem schneebewölkten Horizont weit hinten zwischen den Hügeln aufgestiegen ist, ward schon längst klein, weißschimmernd und rund. Ein kalter und beißender Atem weht zwischen den Stämmen herein; Strix, die schon stundenlang auf ihren Fangstellen gelauert hat, fühlt den eiskalten Hauch bis auf ihren Körper; mit großen Frosttropfen im Brustbart sitzt sie da.

Dreimal hat sie vergebens im Schnee nach einem Hasen geschlagen. Der Hase hat sie genarrt und sich in eine Dickung gerettet. Dann hat sie es mit einem Wiesel versucht, das am Graben entlang schnürte; aber das Wiesel ist ihr zwischen den Fängen entwischt, ist bis auf den Grund gesunken und ist von da aus durch einen seiner vielen Tunnel unter dem Schnee geschlüpft. Schließlich hat sie sich sogar herabgelassen, auf ein Moorschwein niederzuschlagen — jedoch alles ist vergeblich gewesen.

Sie hat Hunger, einen wahren Wolfshunger, Gekröse wie Magen sind gleich leer, und sie spürt schon die schrecklichen Halluzinationen des Hungers.

Da ist kein Tier zu groß ... wenn sie es sich rühren sieht schlägt sie blindlings drauf los, nur um Beute zu machen!

— — —

Auf der Leeseite des Waldes, wo der eisige Atem fast niemals hingelangt, sitzt auf einem Ast ein reisemüder Adler.

Er hat sich den ganzen Tag durch den Äther gewiegt, hat eine Landschaft nach der andern unter sich wechseln sehen; zuerst vom Meer zu Land, dann von großen steinigen Flecken, wo gleichsam Berg an Berg lag — Städte der Menschen — zu offenen, weitgedehnten Feldern, aus deren schneebedecktem Erdreich nur ein vereinzelter viereckiger Steinhaufen aufragte.

Schließlich war er wieder übers Meer gekommen und hatte schwarze, schwankende Waldessäume erblickt, Zweig hinter Zweig und Baum hinter Baum tauchte am Horizont auf. Er hatte sich beeilt, dahin zu kommen ... dort lag ja Wald, sein lieber Wald!

Im roten Schein des Sonnenuntergangs hatte er sich über den Wipfeln hingearbeitet, war in großen Bogen rund herum gesegelt und hatte sich tiefer und tiefer nach der ruhewinkenden Stätte hinabgesenkt.

Und dann war das Tageslicht entschwunden, die Dämmerung verdichtete sich zwischen den Stämmen und sprang gleichsam aus Rinde und Zweig heraus, sie wimmelte aus den Wipfelzweigen hervor und wirbelte empor wie Wolken von Mücken, den dunklen Fleck der Waldmasse verdoppelnd — die lag da wie ein großes Floß mit Baumstämmen beladen und schwamm auf dem Schnee.

Da strich der Adler durch die Wipfel hinab und nahm schwerfällig einen Ast in Besitz. Er umfaßte ihn gierig, faltete die Flügel zusammen und legte sie hübsch zurecht an dem Körper. Wie gut es tat zu sitzen!

Er sah sich um; er vergewisserte sich, indem er lange den Kopf drehte. Aber alles, was er sah, und alles, was er erlauschte, gehörte zu dem Walde, zu dem lieben alten Bekannten! Dann bewegte er sich seitlich, den Zweig entlang, bis er dicht an den Stamm kam, er schüttelte sich wie ein Pferd nach langem Ritt, wetzte die Krallen an dem Zweig, putzte die Federn und gähnte müde.

Noch ein paar Bewegungen nach der Seite, um eine Rundung an dem Zweig zu finden, die für seine Fänge paßte, damit er in der Nacht keinen Sitzkrampf darin bekam, dann gähnte er noch einmal, wohl zufrieden — jetzt endlich saß er — jetzt endlich saß er gut!

Es ist die Gewohnheit des Adlers, ruhig zu schlafen; es ist, als seien diese Vögel mit der Überzeugung geboren, daß sie nichts zu fürchten brauchen. Sie verschlafen Unwetter, Sturmgebrause, Fußtritte und Schüsse.

Der reisemüde Adler schläft und schläft ...

Sein schweres, langgezogenes Schnarchen, das regelmäßig steigt und fällt, wie das eines Menschen, kommt und geht durch den Wald — ein wunderliches, bullerndes Geräusch, das in der klaren Frostluft gleichsam verstärkt wird.

Zuweilen klingt es, als müsse der Riesenvogel von seinem eigenen Geschnarch geweckt werden, das zu einem langen, bullernden Schnarchen anschwillt und schließlich gleichsam in einem Befreiungsruf endet. Dann hat der Adler im Schlaf den Hals lang gemacht, hat den Kopf geschüttelt — und dadurch wieder Luft in die Nasenlöcher bekommen.

Verschwenderisch liegt der Schnee auf allen Ästen und Zweigen — jedes dünne kleine Reis hat sein Teil abbekommen! Selbst an den Stämmen, die nicht kerzengrade stehen, hat er sich festgekittet; er drängt sich in Borkenrisse, hakt sich ein in dürre Reiser, und liegt als verlorener Klecks auf allen Knorren und Narben.

Oft, wenn sich das Schnarchen des Adlers plötzlich zu einem Orkan steigert, verlieren die aufgetürmten Schneemassen in den Baumkronen das Gleichgewicht; da fallen sie in langen, weißen Spritzern herab und bohren sich mit hohlem, dumpfen Plumpsen in den Bodenschnee.

Der Adler aber schläft mit einem guten Gewissen! Er bedarf der Ruhe, während er sich wieder bis an den Rand mit der mächtigen, unerklärlichen Kraft des Schlafes füllt. Nachtfarben und groß wie ein Auerhahn sitzt er da und läßt sich weder von dem Mond stören, dessen bleiche Lichtstrahlen um seine Augenlider spielen, noch von Klein-Taa, der vorüberkommt. Teils um den fußhohen Schnee zu meiden, teils aus Furcht, seinem alten, halbsteifen Erzeuger wieder zu begegnen, durchjagt Klein-Taa den Wald oben in den Baumkronen.

Plötzlich wird der Adler durch einen Stoß von seinem Ast heruntergetrieben; er hat das Gefühl, als wenn er durch eine drohende Gefahr jäh geweckt wird und sich gleich in die Luft hinausstürzen muß. Ein paar feste Griffe klemmen sich ihm in die Seite, bohren sich in sein Fleisch; er will schlagen, aber eine scharfe Klammer schraubt sich ihm um den Nacken, so daß er, ohne es zu wissen, den Hals ausstrecken muß.

Während dessen flattert er auf einem Flimmern von Flügeln durch die Luft. Schneeklumpen und kleine Lawinen stürzen um ihn herab, bis er in dem fußhohen Schnee am Erdboden endet. Sein Hals und sein Nacken sind schon ein blutiges Fleisch und die Klammer um den Hinterkopf schraubt sich immer dichter zusammen. Der Vogel der Nacht, der Dämon der Finsternis, kämpft mit dem Sohn der Sonne, mit dem König aller Tagvögel — und auf Dämonenart hat der Angreifer seine Stärke in dem Ungewöhnlichen und scheinbar Übernatürlichen.

Da schüttelt sich der Adler; Strix hängt über seinem Rücken wie eine sturmgepeitschte Riesenklette und muß sich ununterbrochen ihrer Flügelarme und Schlagfedern bedienen.

Der Adler kommt auf den Einfall, sich zu rollen, er steigt in die Höhe, wirft sich auf den Rücken, so daß Strix zu unterst kommt, schlägt dann mit den Flügeln, so daß er das Gleichgewicht wieder gewinnt und macht plötzlich einen Satz in die Luft hinauf, wie eine Elster. Aber Strix sitzt fest; sie hat schon früher alle möglichen Purzelbäume geschlagen und noch viel schlimmere, halsbrecherische Schwenkungen mitgemacht.

Der Schnee stiebt auf unter den Flügelschlägen der beiden großen Vögel, er weicht ihnen aus und öffnet willig ihren schwer arbeitenden Körpern seinen Schlund. Da stürzt eine Lawine von dem Baum herab, unter dem sie kämpfen — und begräbt sie.

Lange Zeit sind sie weg; nur eine flackernde Spitze von ein paar Schlagfedern ist sichtbar.

Dann graben sie sich langsam aus der Tiefe heraus und steigen nach dem Untertauchen wieder auf: ein Vogel scheinbar, mit einem Kopf und einem Hals, aber mit vier Flügeln.

Die Natur des Adlers ist wie der helle Tag; er ist mutig und offen und ohne Tücke. Der Adler will seinen Gegner sehen, will ihn vor sich haben, Brust gegen Brust.

Strix aber ist hinterlistig und grausam wie die Finsternis; sie läßt nicht los, was sie hinterrücks gefaßt hat — —

Der Adler hat Schlund und Schnabel voll Schnee bekommen ... es wird ihm schwer zu atmen, aber seine Kräfte und seine Energie sind noch gleich ungeschwächt. Er will den Teufel auf seinem Rücken in den Fängen haben — und er langt mit seinem mächtigen Raubvogelfuß — er hat die Spannweite einer ausgewachsenen Männerhand — nach dem Eulenleib hinauf. Aber die Fänge wühlen in einem Berg von Daunen herum und es gelingt ihnen nicht, etwas anderes als die Haut zu fassen.

Zäh und ebenbürtig, unter lautlosen Kraftgriffen, kollern sich die beiden großen Gesellen im Schnee herum; nur das Blasen ihrer Nasen und das stöhnende, heftige Ringen nach Luft hört man.

Da glückt es dem Adler, während einer jähen Bewegung, seinen langen, spitzgekrümmten Schnabel in den Schenkel seines zottigen Gegners zu bohren; er reißt eine Wunde da hinein, die brennt.

Strix stößt ihr wildestes, unheimlichstes Geheul aus; als sei es eine Eingebung, löst sie ihren Griff aus der linken Seite des zitternden Adlerleibes, führt den freien Fang vor und schlägt beide Fänge um den Nacken des Tagraubvogels zusammen. Ihre langen, pfriemspitzen Krummfänge feiern aufs neue einen Triumpf — ohne jegliche Kraftanstrengung, als glitte sie durch Butter, versinken sie bis auf den Grund in dem Kopf des Gegners.

Der Adler dreht sich herum wie ein mächtiger Mistkäfer ... er weiß nicht mehr, daß er lebt. Aber es währt lange, bis seine Flügel, seine Fänge, seine Unmengen von Muskeln still werden. Strix ist zu hungrig, um darauf zu warten; so bald es möglich ist, beginnt sie unbekümmert ihre wohlverdiente Mahlzeit.

―――

„Ein herrlicher Auerhahn", fand Strix. Aber es war ja auch lange her, seit sie Auerhahn bekommen hatte.

Sieben fette Jahre verlebte Strix hier im Westerwald!

Der Wald war gut genug, nicht groß, aber so recht nach ihrem Geschmack. Ein unzulängliches Wegenetz und unzureichende Bahnverbindungen hatten die Forstverwaltung davon abgehalten, den Wald schlagen zu lassen.

Die Gegend war überhaupt nur dünn bevölkert und öde.

Wie man auf einem großen, reich bestellten Gut mit einem Überfluß an schwerem Weizen und tiefgrünen Rübenfeldern plötzlich mitten in aller Üppigkeit auf einen unfruchtbaren, von Unkraut überwucherten Steinplatz stoßen kann, so lag das Land hier um den Westerwald herum. Jahrhunderte schienen daran vorbei gelaufen zu sein; er lag da, gleichsam gefeit gegen die moderne Zivilisation.

Aber das Gefeitsein war nur scheinbar. Langsam aber sicher breiteten sich die Menschen beständig aus! Sie säeten sich über die Landschaft aus wie die

Blumen, die sie in ihren Gärten zogen. Strix entdeckte anfangs nur eine vereinzelte, gleichsam verirrte Blume: ein Ansiedlerhaus, frisch ziegelgedeckt, taucht aus einem Heidetal auf, wie eine große scharlachrote Mohnblüte. Dann kam „die Pflanze" allmählich häufiger vor, sie füllte Flecken und ganze Strecken — und ihr folgten Pflug und Spaten und Entwässerungsrohre und Windmotore, während Moos und Heidekraut den Eindringlingen mehr und mehr Platz machen mußten.

Kaum zehn Jahre bevor Strix nach dem Westerwald kam, hatte man von dem Gipfel seiner Waldhügel über lauter Moore und Heidehöhen, über niedriges Gesträuch und Sümpfe hinausgeschaut; jetzt wurde das Kahle und Eintönige allgemein! Die Buschflecken und Sumpfwasserspiegel verschwanden, die schwarzen Heidehügel schrumpften ein — und Strix sah lange, weiße Wegestreifen sich wie getrockneten Schleim hinter Schnecken die Kreuz und die Quer durch die Landschaft ziehen.

Wie einstmals im dichten Wald ertönte jetzt auch hier der Ruf: hört, sie pflügen, sie graben, sie schaufeln, sie entwässern — der Wasserspiegel wird zu Morast, das Röhricht zu Gras, Inseln und Werder zu landfestem Boden, die Katze geht trocknen Fußes, wo einst der Otter schwamm ...

Regenpfeifer und Brachvögel pfiffen es klagend hinaus, Krickenten und Schnatterenten plapperten es trauernd nach, und dumpf und unheimlich trommelten rauschende Birkhähne es heraus.

Der alte, herrliche Urpelz, den die Erde anhatte — ach, nun waren die Menschen dahinein gekommen!

Es schritt rüstig weiter mit der Zivilisation ... und der Raum, den einst ein alter Fuchs, ein großer Marder oder Uhu inne hatte, um sich darauf zu bewegen, ward kleiner und kleiner.

Und dann eines Tages, als ein armer Edelhirsch, gejagt und verfolgt, sich vor seinen Nachstellern in ein letztes Überbleibsel von Dickung im Westerwald zu retten suchte, stand dort weit hinten auf einem großen Platz, wo die schönste Zierblüte der Kultur, das Wahlvereinsbanner sich entfaltet hatte, ein Reichstagsabgeordneter und befürwortete den Bau einer Lokalbahn.

Da hatte aber Strix den Westerwald schon längst verlassen.

10. Der Leuchtturmwärter

Am Auslauf der Förde, wo der Sturm freien Zutritt hatte und wo das Meer schäumte, stand meilenweit ein eigenartiger Streif von Bäumen.

Sie waren zum größten Teil im Laufe der Zeiten von selber gekommen.

Die Vögel hatten sie gesäet und die Tiere hatten sie gepflanzt ... wenn Fuchs und Dachs nach Mäusen stachen, wenn das umherziehende Rehwild nach Dornenbeeren scharrte, hatten die Tiere unbewußt Bäume in die Erde gepflanzt. Sie hatten Eicheln und Bucheckern und Nüsse von der Haselstaude gelegt, sie hatten Ebereschen gepflanzt und das großblumige Geißblatt.

Ganz unten am Rande des Strandes zwischen dem Sand und den Steinen waren die Bäume so winzig klein, daß sie den Namen „Baum" kaum verdienten. Dann stiegen sie an Höhe, je weiter landeinwärts man kam.

Aber mehr als zweimal Manneshöhe erreichte kein Baum. Selbst einen halben Kilometer weiter hinauf und mit einem halben Kilometer schutzgebenden Schirmes vor sich, erhielt kein Gipfeltrieb Erlaubnis, die einmal festgesetzte Höchstleistung zu überschreiten; der Sturm von der See her war eine Riesenschere, die beständig schnitt und schnitt ...

Gleich einem sanftabfallenden Halbdach über einem offenen Schuppen senkte sich die ganze Kronendecke nach der See hinab und tauchte den Rand des Daches in Gischt und Schaum. Ein eigenartiges Dach über einem eigenartigen, mit Schlackerwetter angefüllten Schuppen — und doch, wenn man aus See kam und sich zwischen dem Baumgewimmel barg, hatte man ein Gefühl von Wohlbefinden und Traulichkeit, als sei man zu Hause angelangt.

Bei ruhigem Wetter war es so still hier im Strandwald — da kehrte der Paradiesesfriede wieder. Aber bei Sturm und Regenschauern lärmte diese ganze, erwachsene Baumwelt häßlich, sie schrie und stöhnte und schuf die unheimlichsten Laute. Da bebte meilenlang das sturmgestutzte Halbdach, das Wetter legte sich darauf wie ein grober Gesell und versuchte, ob es nicht in den Schuppen hinabgelangen könne.

———

Hier hinaus kommt an einem frühen Morgen im Herbst der alte Sonderling, die Eule.

Der Weißdorn steht mit Fleischbeeren da und die Schlehe mit blauschwarzen, kugelrunden Früchten, die Ameisen suchen einen Haufen, und die Wildgänse schmettern mit scharfen, gellenden Schreien eine Fanfare in die Luft über ihrem Kopfe. Sie findet ein Haus zwischen einem Haufen großer Steine mitten in der dichtesten Schlehenfestung.

Hier sitzt Strix, während das Laub von den Bäumen fällt, und spürt, wie es um ihr Haus herum wimmelt von Zügen und abermals Zügen stummer, reisender kleiner Vögel: Laubsänger, Rotkehlchen, Drosseln und dem lieben, leckeren Krammetsvogel, und sie hört den gehetzten Hirsch leise knöhrend umhertrollen und mit seinem Geweih an die Außenwerke ihrer Festung schlagen. Uhm, uhm, grunzt er, wenn er umgeben von ein paar Stücken Kahlwild sich seines Daseins freut; häßlich aber ertönt sein Röhren, wenn er, von den Schleiern des Morgennebels verborgen, sich erkühnt, seinen schallenden Brunstruf auszustoßen.

An den rauhen Novemberabenden, wenn die Meerestiefe grau da liegt und die Wellen in langen, weißen Grundstrichen in die Föhrde hineinjagen, wenn der Horizont Regen verkündet, und der aufgehende Mond mit seinem roten Segel kaum Erlaubnis erhält, hervorzuscheinen, verfolgt sie von ihrem Versteck aus den Zug der Tausenden von Wildenten. Gleich schwarzen Klumpen mit langen Hälsen, steigen sie Schof auf Schof über dem Walde auf, um landeinwärts zu eilen und sich in den Mooren und Sümpfen des Hinterlandes zu bergen. Und sie sieht die Möwen sich in großen Schwärmen vom Meer hereinwiegen und sich im Schutz hinter den Steinen des Strandes schwerfällig zur Ruhe setzen. Da schlägt sie an manch einem Abend eine fette Stockente oder eine wurmgespickte Möwe ... derartig hat sich der Freßsack angefüllt, daß ihm die Regenwürmer lang aus dem Halse heraushängen!

Und hier sitzt sie in den Wintertagen bei Schneegestöber und hört das Meer unter sich tosen und lärmen. Sie fühlt sich sonderbar ergriffen von dem Laut. Es liegt, so scheint es ihr, ein eigenartiges Waldessausen darin, und hohle, tiefe Töne, wie von ihrer eigenen Stimme.

Die dänischen Wälder sind arm an Uhus geworden; Strix' eigene Art ist dahin, ebenso die Großen ihrer Rasse: Hühnerhabicht, Wanderfalke und Weihe hört sie kaum je mehr — sie weiß nur noch von Meeresbrausen und Waldessausen wie von einem Wesen ihrer Art. —

Sie muß es sich so recht traulich machen, die wunderliche, menschenscheue Eule, wenn sie hier aus der Tiefe ihres steingewölbten Hauses heraus altklug mit Meer und Wald plaudert.

Das Meer, das Meer ...

Es kamen Tage, wo das Meer in Aufruhr stand, wo das sturmgepeitschte Wasser von ihm aufstob wie Schneetreiben von einem Felde und Staub von einer Landstraße. Da trieb es die verschiedenartigsten Wracks an Land: Boote und Treppen, Pfähle und Kisten, alles bunt durcheinander, mehr oder weniger zersplittert. Da schwemmte es auch seinen frischen, seegrünen Tang an ... das Meer erntete, mähte selbst den Ertrag seines Bodens und trug ihn, Fuder auf Fuder, längs der Küsten und Ufer heim. Hier lag es am Strande in Haufen und Schobern und bildete neue Welten mit Einfahrten, Förden und Buchten.

Weit draußen am Horizont, unter einem düstern Chaos von Wolken und Regen richtete sich eine Welle nach der andern empor, man sah eine graugrüne Mauer, die in einem Nu mit schäumendem Weiß überpinselt wurde. Dann trat eine Verwandlung ein: die Mauer wurde zu einem Bergrücken, wild und zerrissen schoben sich weißlich-gelbe Felszinnen turmhoch empor, und es stob von ihnen wie Schneewehen ... bis der Wasserberg plötzlich zusammenstürzte und unter lärmendem Gepolter und siedenden Wirbeln in die Tiefe versank.

Und neue Mauern richteten sich empor, und neue Bergrücken schossen auf ... sie tummelten sich feurig, die mächtigen Wogen. Dann veranstalteten sie einen Wettlauf an Land und hauchten mit einem Gekrach ihr Leben zwischen den Steinen aus. — — —

An solchen sturmerfüllten Tagen ... wenn die Abende kamen und die Ragnaroksage auf die Erde wiederkehrte, wenn die Finsternis jede Kreatur bedrückte, so daß sie zitterte ... dann tanzte Strix, während der Horizont flammte, mit Buckel und krummen Flügeln oben auf dem Kamm des Abhanges. Ihre wehenden Federbüsche sträubten sich, die Pupillen wurden groß und der Blick scharf und ätzend.

Aber in den Nächten, die auf solche Tage folgten, fuhr die Wildheit in sie. Sie tötete rücksichtslos, sie wußte nicht warum, sie tötete nur, tötete ... Die Enten, die im Tang lagen und ihren Leib versteckten, fest überzeugt, daß sie sie nicht sehen konnte, nahm sie zu Zweien auf einmal, eine in jeden Fang; sie machte Jagd auf die kleinen Goldammern, die sie sonst gar nicht anrührte, sie quälte ihre gefangenen Ratten, wie eine Katze, und zog jedem Stachelschwein die Haut bei lebendigem Leibe ab.

Und ununterbrochen füllte sie den Strandwald mit ihrem durchdringenden Geheul —: Ho—o! Hu—u! Ha—Ha—Ha!

Im Strandwalde erlebt Strix ihre mageren Jahre.

Die Gegend ist zu rauh, um irgendwelchen Überschuß an Wild zu bergen.

Sie nimmt nicht zu an Wohlbeleibtheit und muß namentlich im Winter alles in Betracht ziehen und auf Mäuse und Bussarde und eingefrorene Seevögel niederschlagen. Nur im Sommer, in der Brutzeit, füllt sie sich mächtig; die Möwenkolonien am Strande entlang müssen ihr erklecklichen Tribut zahlen; sie schnappt die Gössel der Wildgans und die Jungen des großen

Sägetauchers weg, und manch ein rundlicher Dachswelpe, manch ein feister Jungfuchs geht in ihrem sackähnlichen Magen zu den seligen Jagdgefilden ein.

Sie lebt glücklich auf ihre Weise, in ihrer Einsamkeit, und genießt ihre Ruhe. Kein aufreizender Axthieb, kein polterndes Wagengerassel peinigt ihre Nerven ... nur das Rollen der Wellen und das Zirpen der Heuschrecke klingt um ihr dickichtumkränztes, sturmzerzaustes Haus.

Und dann eines Abends, als sie ausfliegt, scheint ihr aus weiter Ferne, oben von dem östlichen Ende einer Anpflanzung, ein ziegelgedecktes Dach in die Augen.

Es schießt aus einigen Tannenwipfeln auf wie ein feuerroter Fliegenpilz über grünem Moos ... die untergehende Sonne macht es erglühen und Funken sprühen.

Es ist ein Menschennest, das dort aufgeschossen ist — eine Villa!

Die Bahn ist eine Tatsache geworden. Aus der großen Provinzstadt am Ende der Förde geht sie durch den Westerwald bis hier hinaus an die Küste. Die Spekulation hat auch dies Ende des Landes erfaßt; man hat ein Auge auf den Strandwald geworfen, auf die Abhänge, die Aussicht und den guten Badestrand; eine große Genossenschaft hat den ganzen „Dreck" gekauft und zerstückelt ihn jetzt in lange Streifen; jeder Streif erhält sein Stück Wald, sein Stück Strand, sein Stück Wasser ...

Die Einsamkeit verschwindet schneller als die Buchenblätter gebrauchen, um zu grünen und gelb zu werden; kleine überfüllte Dampfboote fangen an zu pfeifen und herumzuplätschern, kleine Hunde bellen, Wagen mit Müttern und Kindern kommen dahergehumpelt — und fast jeden zweiten Abend, wenn Strix aufwacht, ist ein neues, pilzähnliches Menschennest aufgeschossen.

Sie weicht und weicht, fliegt ein oder gar zwei lange Nachtflüge am Strande entlang, aber dann kann sie plötzlich nicht weiter kommen, sie ist hart an der Landspitze — am Meer.

Da draußen liegt der kleine Leuchtturm ...

An einem dunklen und späten Herbstabend ... die See tost, und die Bäume in dem letzten Streifen Strandwald klatschen die kahlen Zweige gegeneinander ... ist ein Fischerjunge aus dem kleinen Dorf draußen an der Landspitze, auf der der Leuchtturm liegt, auf dem Heimwege begriffen.

Der Junge folgt dem Pfade auf dem Abhang oben am Waldessaum entlang und sieht ängstlich in die Finsternis hinein, die dick zwischen den Stämmen liegt.

Da hört er auf einmal ein wunderliches Hallo an sich vorübersausen und weiter durch den Strandwald jagen ...

Es durchschauert ihn eisig. Mit offenem Munde und pochendem Herzen bleibt er stehen.

Einen Augenblick später ist das Hallo wieder da!

Er glaubt, Pferdegetrappel und ein gewaltiges Bellen und Kläffen von Hunden zu vernehmen — und er schlägt die Hände kreuzweise vor die Brust. Ob dies wohl das ist, was Großvater Pibe „König Waldemars wilde Jagd" nennt?

Die Haare sträuben sich ihm auf dem Kopf, er will davonrennen, da fällt ihm ein, daß das ja das Schlimmste ist, was er tun kann. Er muß nur gehen, gehen — und er eilt dahin, mit hastigen Schritten.

Am nächsten Tage sprach das ganze Dorf von dem Erlebnis des Jungen!

Auf der Bank unter dem kleinen Leuchtturm, wo die alten Seebären bei Sonnenuntergang zusammen kamen und ein Garn spannen, hörte der Leuchtturmwärter eines Abends, daß von Spuk geredet wurde.

— Wo ist der Spuk? — fragte „Vogel".

Ja, es war hier ganz in der Nähe des Strandwaldes. Kristian Lars' Sohn, erzählte einer der Fischer, hatte es gehört, und nun vorgestern hatte auch er es gehört. Es war ein eklicher Kram; es heulte und miaute und bellte und kläffte und röchelte wie ein sterbender Mensch. Der alte Niels Pibe, der ja nun nicht mehr aus dem Bett aufstehen konnte, behauptete, es wäre „König Waldemars wilde Jagd"; er sagte, solche nächtliche Jagd habe er, als er ein Junge gewesen war, fast in allen Fördenwäldern gehört, nur viel schlimmer. Da jagte der König mit großem Gefolge und vielen Hunden; jetzt habe sich die Teufelsmusik wohl vermindert.

— Daran sind gewiß die vielen Kirchen Schuld —, fügte der Erzähler gottesfürchtig hinzu.

Der Leuchtturmwärter spitzte die Ohren.

Aus seiner Kindheit draußen im Waldwärterhause dicht vor den Hochwäldern war er gar wohl bekannt mit der Musik des großen Uhus ... sollte es möglich sein, dachte er, lebte wirklich noch eine von den großen Bubos, und zwar so nahe an seinem Gebiet! Das mußte ein Zugvogel sein, einer aus dem nördlichen Skandinavien, der auf seiner Winterreise hierher verschlagen war ...

Und Vogelhansens alte Leidenschaft stieg mit einem Brausen in ihm auf ...

Im nächsten Augenblick gaukelte er sich vor, daß, wenn da ein Vogel sei, auch zweie da sein müßten ... es erging dem großen Uhu wohl so, wie man sich von der Bekassine erzählte, daß sie nie allein liegt. Dann konnte er am Ende wieder ein Gelege Eier bekommen oder eine Brut Junge fangen; alles Einheimische von der Art stand jetzt fabelhaft hoch im Preise!

Es erging ihm fast so wie der Frau mit dem Milchtopf, aber dann besann er sich — nun, er mußte ja erst einmal sehen!

Eine Eule mußte auf alle Fälle da sein — und wenn die nur da war, hatte er auch sichere Hoffnung auf einen guten Gewinst. Der große Uhu war immer zu verkaufen, wenn man ihn nur, tot oder lebend, in Händen hatte.

Der kleine Leuchtturmwärter hatte sich freilich Zeit seines Lebens Jäger genannt, aber es war nicht mehr vom Jäger in ihm als auf dem Rücken einer Hand Platz hat. Er war „Schießer" schlecht und recht, er schoß nur für den Kochtopf und für die Tasche — und am liebsten für die letztere! Denn das, was da hinein kam, konnte verkauft und in geliebtes Geld umgesetzt werden!

Er war ein Aasjäger, wie er sein Leben lang ein Nesträuber gewesen war; aber den Trost hatte er, daß leidenschaftliche Sammler und andre brave Männer, die Schulen und Museen mit Vertretern der Fauna des Landes versorgten, sein Treiben in Briefen oft eine „sehr gemeinnützige Tat" genannt hatten.

Nun war er bejahrt und nicht mehr imstande, in eine Buche hinauf zu klettern; aber das konnte auch einerlei sein, es gab nichts mehr, was sich des Hinaufkletterns verlohnte. Schon seit Jahr und Tag hatten ihn die Verhältnisse gezwungen, damit aufzuhören.

Um so eifriger brauchte er nun die Flinte! Die Flinte war der lange Arm, womit er noch etwas an sich raffen und einem steifen Rücken und einem stocklahmen Bein abhelfen konnte.

———

Und die Flinte wurde an diesem Abend von ihrem Platze über dem Herde heruntergenommen, wo sie sonst immer bereit lag, um gegen die vorüberstreichenden Möwen verwendet zu werden — er hatte die alleinige Lieferung von Möwen für eine Modewarenhandlung — und mit großem, grobem Schrot klar gemacht.

Tag für Tag schlich er in seiner Freizeit im Strandwalde herum. Er durchwanderte ihn die Kreuz und die Quer, ja, er ging ganz bis an den Badeort hinunter und frech durch alle Gärten der jetzt mit geschlossenen Läden daliegenden Sommervillen. Aber er konnte nichts von dem großen Uhu entdecken außer einer vereinzelten braunen Feder.

Diese Feder genügte ihm jedoch; nun wußte er, daß der Vogel wirklich vorhanden war.

Strix saß in einem Fuchsbau tief unter der Erde, da war es ja kein Wunder, daß der Leuchtturmwärter jedesmal vergebens ging.

Er ruhte jedoch nicht: er blieb seiner Natur und seinem Wahlspruch getreu: — niemals etwas aufgeben, ehe du nicht die Beute im Kasten hast!

Es dämmert eines Abends ...

Die Farben entweichen von der Erde und steigen zum Himmel empor; der wird im Westen rotglühend und schwefelgelb.

Die Steine am Strande entlang, alle die weißen, alle die grauen, die roten Taschenkrebsschalen, wie die blauen Muscheln, verschwinden für das Auge und werden zu einem dicken, wolligen Streif.

Und der Streifen zerbröckelt gleichsam, wird zu Sand, zu schwarzer Erde — die Dämmerung nimmt auch ihn.

Nur der kleine Leuchtturm draußen auf der Landzunge bleibt übrig.

<u>Über</u> die See weht ein wahrer Orkan aus Westnordwest ...

Düstre schwarze Wolfen, wild zerfetzt an den Rändern, jagen über den Horizont. Sie kämpfen mit funkensprühenden Feuerschlangen, die sich um ihren Rücken geschlungen haben, so daß rings umher in der Luft blutige Risse klaffen.

Das Meer tost und schäumt ... sein Brausen ist in den Strandwald gefahren, der siedet und brodelt, er kocht vom äußersten Rande bis ins innerste Dickicht. In seiner dicht verfilzten Kronenwölbung gehen tiefe, mächtige Windwellen, die vom Wipfelast bis ganz hinab zur Wurzel reichen.

Der Sturm treibt selbst mit den innersten Bäumen Kurzweil; er knechtet sie, die verwachsenen, kaum zwei Mann hohen Baumkrüppel, so daß die wilden Schüsse des Unterwaldes sich vor Wonne schütteln, wenn sie hören, wie schwer die großen Baume kämpfen müssen.

Man krümmt den Rücken da oben an Land! Steht demütig da und dienert, wo es sonst gilt, den besten Platz an der Sonne zu erhaschen; man schmeißt Äste, Zweige und die letzten lieben Blätter ab — und ist froh, wenn man nur damit davon kommt.

Der ganze Waldboden ist bedeckt von abgerissenen Reisern und Tannennadeln; er sieht aus wie ein Weg, der zu einer Beerdigung mit Grün bestreut ist. Da ist nicht gespart, nicht gegeizt, Vogelbeeren, Schlehen und Hagebutten liegen da — und gleich willig und verschwenderisch streut der Sturm noch immer drauflos.

Der kleine Leuchtturmwärter ist auf dem Jagdpfade; er schleicht in der Dunkelheit herum, die Flinte bereit. Ist die Eule am Tage nicht zu sprechen, wohlan — dann muß er versuchen, ob er sie nicht des Nachts treffen kann.

Dichter und dichter drückt sich die Finsternis um ihn, sie guckt hervor aus Gestrüpp- und Baumstammzwischenräumen, sie faucht ihm ihre schwarzen Tupfen ins Gesicht und macht seine weiße Hand, die das Flintenrohr umfaßt, dick und schwarz.

Heulen, Jammern und Seufzen erfüllt den Strandwald. Töne, bald so herzzerreißend, daß man glauben sollte, ein Mensch sei in Not, und Töne, bald so überirdisch, als kämen sie vom Himmel, strömen ununterbrochen seinem aufmerksamen Ohre entgegen.

Aber nicht nach ihnen lauscht er ... die Laute kennt er von seinen vielen Wachen oben im Leuchtturm. Er wartet auf das Halloh und fragt sich mit einem Fluch, wo es nur abgeblieben sein kann.

Ha, ha, ha, daran sind die vielen Kirchen schuld! höhnt er im Stillen, als er wieder eine Viertelstunde vergeblich umhergeschlichen ist ... nein, die großen Horneulen haben sich an Zahl vermindert, ihrer sind weniger und weniger geworden — das ist die Sache! Der Sturm ist wohl derselbe, der er immer gewesen ist, und auch das Klipp-Klapp der klappernden Zweigspitzen, aber „die Hunde" scheuchen wohl seltener als früher Wild auf.

Da streift die wilde Jagd plötzlich an ihm vorüber ...

Und es ist Fahrt im Treiben und Kläffen in der Meute, es dröhnt, es rasselt, es bellt, faucht und klagt um ihn herum; er muß sich auf seinen Stock stützen — er entsinnt sich nicht, den hochseligen König jemals so wild jagen gehört zu haben!

Strix hat nämlich einen leckern Bissen gefangen; es ist ein Hase, den sie in den Fängen hält, während sie vorüberfliegt. Sie hat indessen keine Ruhe, ihn zu verzehren, denn eine Schar kleiner Eulen, die ihr Glück entdeckt haben, verfolgt sie und mischt ihre hohlen, schnarrenden Hornlaute in ihr düsteres, durchdringendes Fauchen. Sie neiden ihr den Fang und lästern laut darüber.

Die Sturmstöße kommen und gehen durch den Wald und zerren und ziehen an den Wipfeln. Plötzlich und überraschend, mit der Geschwindigkeit eines Habichts, schlagen sie nieder, wirbeln das Laub auf und schleudern es dem Leuchtturmwärter ins Gesicht. Er muß den Rockkragen aufklappen und den Knoten des Halstuches fester binden. Er zittert am ganzen Leibe vor Eifer und Spannung und starrt sich fast die Augen aus dem Kopf ... wo schrie es doch? ... wo heulte es eben?

Auf den Zehenspitzen schleicht er umher, bewegt sich so lautlos wie sein lahmer Fuß es gestattet. Er bleibt oft stehen und lauscht mit offenem Munde, die Handfläche hinterm Ohre ... war das nicht das Fauchen eines Uhus?... ja, jetzt hat er es ... es kommt aus der Anpflanzung ... da drinnen zwischen den Fichten, da heult es!

Der Leuchtturmwärter hat Glück: auf einem schmalen Pfad stößt er auf die sonderbare Versammlung. Er sieht etwas Schwarzes, das sich im Dunkeln bewegt, legt die Flinte an die Wange und zielt in der Finsternis, so gut er vermag ... Strix' Leben hängt an einem Faden!

Sie sitzt über ihrem Opfer und klemmt es fest gegen den Erdboden, rollt Feuer aus den Augen und knappt mit dem Schnabel. Die kleinen, fliegenden Katzen umschwirren sie wie Elstern.

Der Leuchtturmwärter zittert förmlich, die Beine wollen ihm versagen; er kann die Flinte nicht ruhig halten, er muß auf die Knie nieder.

Da ertönt endlich der Schuß ...

Aber in der Erregung und in der Dunkelheit schießt der Leuchtturmwärter zu hoch; zwei behende kleine Eulen fallen wie zwei Bündel Kleider zur Erde.

Strix macht sich aus dem Staube und nimmt obendrein ihren Hasenbraten mit.

Aber in dem Augenblick, wo sie, von dem Sausen des Sturmes getragen, über die Fichtenwipfel dahinsegelt, ruckt es in ihr. Sie ist in den Wind vom Leuchtturmwärter gekommen, und der beeilt sich und stürmt vorwärts, um seine Beute zu sichern — sie aber öffnet die Fänge und gibt freiwillig ihren leckern Braten preis ... Kladatsch, klingt es, Kladatsch, Kladatsch, so schnell, daß die Kladatsche fast übereinander stolpern.

Und dann ist sie im Sturmgebraus verschwunden.

— — —

Das ist Tag und Jahr her — und vergessen; vergessen war das Ganze. Nicht einmal Erinnerungen an ihre jubelerfüllten Tage waren zurückgeblieben. Nur der Kampf um die Nahrung und der Kampf um das Leben haben sie jetzt seit Jahren in Anspruch genommen; sie ist ein einsamer Vogel und hat sich daran gewöhnt, als sei sie es ihr Leben lang gewesen.

Jetzt plötzlich taucht es alles wieder auf ...

Nicht leibhaftig und in Gestalten geformt, so wie das Menschengehirn es vermag ... nein, nur in fernen unbestimmten Ahnungen. Ihr Gesicht kann täuschen und ihr Gesicht kann vergessen, ihr Gehör nie — und diese, eines Menschen eigentümliche Art zu gehen, hat sich ihr nun einmal unter Umständen, wo ihre Nerven bis aufs äußerste angespannt waren, unauslöschlich eingeprägt.

Ist er es, der lahme Hahn mit dem stinkenden Atem, der ihre Jungen geraubt und sie in einen Bauer gesetzt hat?...

Sie ahnt es und fühlt dasselbe unwiderstehliche Kribbeln in ihren Fängen, wie wenn eine plötzliche Lust, etwas Lebendem die Haut abzuziehen, sie anwandelt. Der Kampfesmut aus alten Zeiten fährt in sie, der Haß, die Wildheit, die Bosheit flammen auf.

Aus der Fichtenanpflanzung heraus hinkt der ein wenig niedergeschlagene kleine Leuchtturmwärter, seine beiden kleinen Eulen in der Hand. Seine erste Eingebung ist, sie wegzuwerfen; aber dann fällt ihm ein, daß er sie dem „Ausstopfer" in der nächsten Stadt ja anschnacken kann.

Da hat er wieder das wilde Halloh um die Ohren!

Diese neue Möglichkeit erfüllt augenblicklich seine ganzen Gedanken. Schnell steckt er eine frische Patrone in die Flinte — und eilt davon, dem Geräusch nach.

Aber nun läßt Strix erst allen Ernstes ihre Stimme ertönen.

Ein heimliches Schaudern, ein stilles Grauen durchbebt den lahmen Hahn ... ein so teuflisches Heulen, wie er es jetzt hört, meint er noch nie zuvor vernommen zu haben. —

Huu — Huu ... bis ins Unendliche ruft die Eule, so wie damals, als sie den Hasen in den Todestunnel hineinlockte. Der Leuchtturmwärter rennt dem Laut nach; er glaubt die ganze Zeit, daß er die große Eule im Dunkeln gerade vor sich hat; aber er rennt und rennt und ist ihr immer gleich nahe.

Sein Kla-datsch, Kla-datsch von dem lahmen Bein hämmert aufreizend und anfeuernd in Strix' Ohren; sie hat eine brennende Lust, auf ihn niederzuschlagen, in seinem Fleisch zu zerren. Aber die Furcht vor den Menschen ist noch immer zu groß. Sie muß sich damit begnügen, ihn zu foppen und sich ihrer Überlegenheit in der Finsternis zu freuen ... da geht er ja unter ihr, taub und blind, und stapft schwerfällig auf seinen Klumpfüßen — und sie ändert ihren Platz wieder und wieder und saust von allen Seiten über ihm, während sie ihm ihr Geheul in die Ohren gellt. Nur wenn er still steht, schweigt sie, und dann spürt sie das alte, beklemmende Gefühl im Halse.

Huu — Huu ... quiwitt, quiwitt! Hin und her durch den Strandwald geht es, dann über die Abhänge hinaus und auf und ab an den langen Dünenwänden, unter denen das Meer siedet und schäumt.

Der lahme Hahn ist nahe daran, vor Durst zu vergehen, es schwitzt ihn, und das Halstuch hat er schon längst in die Tasche gesteckt; er fühlt sich immer mehr gereizt durch die Fopperei des Vogels und ist doch gleichzeitig mehr denn je darauf erpicht, ihn zu kriegen. Hier an den offenen Dünenhängen, wo hinaus er die Eule nun endlich getrieben hat, scheinen seine Aussichten ihm verbessert ... hier kann sie ihn nicht so leicht durch ihr Geheul täuschen, hier kann er den großen Vogel ja sehen, wenn er von Zeit zu Zeit einmal aus dem Schlehengestrüpp aufschießt, befreit von den Schlagschatten und der Erddunkelheit. Er will sie haben; er kann es an ihrem Heulen hören, daß es eine alte, mächtige Eule ist; sie muß viel wert sein, und es gibt ja nicht mehr von der Art .... Huu — Huu ... und beständig erschallen vor ihm die verwirrenden Töne. —

Ein paarmal schon hat er sich an dem Dünenhang hinauf und wieder hinab gearbeitet und dagesessen und ihr im Schutz eines kleinen dichten, sturmgepeitschten Dornenstrauches aufgelauert; jetzt hört er sie wieder, sie ist hoch oben über seinem Kopf, gerade unter dem Rande des Abhanges.

Der Sturm pfeift in den wilden Klettenstengeln und entführt seiner großen Hakennase Tropfen auf Tropfen, er singt hohl und orgeltönend in den Flintenrohren und klemmt einen eigenen vorwurfsvollen, gellenden Ton aus den kleinen Steinen heraus, die in der Tiefe unter seinen Füßen rasseln.

Auf allen Vieren, das Gewehr fest unter die Achselhöhle geklemmt, kommt er heraufgeklettert ...

Ganz zufällig flattert Strix im selben Augenblick von einem Schlehdorngestrüpp auf und schwingt sich über den Abhang hinaus, wodurch sie sich einen Augenblick vor ihm in der Luft zeigt, gerade als er vor einem Absatz an der Dünenwand steht. Er richtet sich schnell auf, geht blindlings drauf los und vergißt, sich in acht zu nehmen; jetzt will er einen Schnappschuß versuchen, will versuchen, den Satan nach dem Gehör zu schießen; aber in der Eile tritt er fehl und hält einen großen Schlagschatten am Ende des Absatzes für festen Boden, er strauchelt, will mit der Flinte vor sich fassen, die Schüsse gehen ab, der rechte, als das Rohr gerade über dem Boden ist, der linke, als das Rohr schon in der Erde ist. Der Lauf zerspringt ihm zwischen den Händen und reißt ihm die rechte Hand ab, er kann sich nicht festhalten, er gleitet und stürzt in die Tiefe.

Strix sieht ihn fallen, aber sie versteht seinen Fall nicht!

Sie glaubt, daß er hinter ihr drein ist — bis sie von einem neuen Sturmstoß wieder gegen den Abhang geworfen wird und ihn erblickt, wie er ausgestreckt am Strande liegt, den bleichen Hahnenschnabel steif in die Luft. Sie umkreist ihn, wirft sich in langen Bogen vor sein Antlitz nieder und faßt im Vorübersausen nach seinen wehenden Haarsträhnen — und dabei heult sie und schleudert ihm ihr krächzendes, übermütiges Hohngelächter ins Gesicht, während der Sturm im Riedgras seufzt und pfeift.

Endlich setzt sie sich auf einen Vorsprung des Dünenhanges; dort sitzt sie lange stumm und starrt grübelnd und unverwandt auf ihren toten Feind hinab. Es ist das erste Mal, daß sie einen Menschen so still sieht ... der Mensch — die ewige Unruhe, die sie zeitlebens gestört hat — nun liegt er dort tief unter ihr und ist so still geworden.

Da schreit sie häßlich, da heult sie unheimlich ... es schallt im Walde — es hallt wieder von den Dünenhängen —:

— Qui — witt, quiwitt — komm mit! komm mit! ... ha, ha, haaa!

— Es heult in der Nacht.

Seit jener Nacht waren Strix' Tage am Strande gezählt.

Es verlautete gar bald, daß Leuchtturmwärter Hansen auf nächtlicher Jagd auf einen großen Uhu umgekommen sei. Die Strandzeitung schlug Lärm und der Bericht ging durch das ganze Land — und obwohl es keineswegs stimmte und auch nicht weiter verlockend war, und obwohl es ganz außerhalb der Jagd- und Badesaison war, benutzte doch ein gewiegter Hotelpächter die Gelegenheit, mächtige Reklame für sein neues, großes Badehotel mit dazu gehörigem „Jagdwald" zu machen.

11. Klein-Taa

Der Winter verging leidlich für Strix.

Sie hatte nur mit dem Hunger und der Langenweile zu kämpfen.

Das Los des Leuchtturmwärters wirkte gerade nicht verlockend auf die in der Gegend ansässigen Jäger; sie erblickten darin eine weitere Bestätigung für die Annahme, daß die große Eule ein Zaubervogel sei, den man am besten in Ruhe ließ.

Der alte Niels Pibe, den die Strandzeitung interviewte, benutzte die Veranlassung, um verschiedene Geschichten von Eulen wieder aufzufrischen, aus denen zu ersehen war, daß die Eule Böses ansagt — und daß, wenn man sie schießt, dies den Tod bedeutet.

Eifrige Sammler ließen sich freilich nicht von diesen Ammenmärchen abschrecken, und als der Frühling sich näherte und das Wetter weniger rauh wurde, erhielt der gewiegte Hotelpächter in der Tat Anfragen in bezug auf seine Pensionspreise und den viel beredeten Vogel.

Indessen kam ihnen ein Fremder, mit dem niemand rechnete, zuvor.

Es ist an einem Abend, Ende März, bei heftigem Seesturm ...

Das Meer schäumt. Kein Fahrzeug ist zu erblicken. Die grauen Regenschauer und die graue See gehen ineinander über. Nur eine vereinzelte, große Möwe mit einer unverhältnismäßig großen Flügelweite für den kleinen, leichten Körper tummelt sich im Sturmgebraus und wiegt sich hin und her über dem einsamen Horizont.

Scharf und salzig treibt die Seeluft durch den Strandwald; sie stinkt nach Fischen und Tang, nach Strand und Muscheln ...

Strix tanzt nicht mehr an dem Dünenhang, sie hat zurzeit anderes zu tun.

Sie hat sich ein Nest aus Zweigen zwischen ein paar ausstrahlenden Wurzelhälsen einer kleinen verkrüppelten Erle zusammengetragen und liegt und brütet auf einem unbefruchteten Ei, einem letzten, aus alter Gewohnheit gelegten Ei!

Und die Regenschauer kommen in Zwischenräumen, aber regelmäßig wie die Kinder in dem Heim armer Leute, und das Meer da draußen nimmt die trostlose Farbe des Sandgraus an. Und der Regen peitscht herab, strömt und strömt, so daß auch oben in der Luft See und Meer entstehen.

Strix drückt sich tief in ihr schützendes Nest unter dem Erlenstamm und läßt die Regenschauer kommen und die Regenschauer gehen; sie brütet und gibt acht ... auf die Erde, das weiß sie ja, ist kein Verlaß.

Da kracht und raschelt es vor ihr im welken Laub ... ein langgestrecktes, schlangengeschmeidiges Raubtier wickelt seinen blanken Pelz aus dem Grau der Dämmerung heraus.

Es ist auch einer von den alten Feinden — ein guter Bekannter aus Strix' jubelvollen Tagen! Obwohl Klein-Taa jetzt ein alter Marder geworden ist, ähnelt er noch immer seinem Vater so aufs Haar, daß ihm eigentlich nur die gestutzte Rute fehlt.

Klein-Taa ist auf der Frühlingswanderung; auf der Suche nach einem Weibchen — sonst käme er nie in diese rauhe Gegend.

Der Marder ahnt die Eule nicht, er kriecht nur in Schutz vor dem Wasser. Hopp, hopp, geht es, hopp, hopp — ins Trockne hinein, am Eulenbaum entlang.

Stieg in Strix eine Erinnerung auf, als sie den Burschen sah? Bereute sie vielleicht erst jetzt eine ungenutzte Gelegenheit bei einer zufälligen Begegnung in einer dunklen Tanne? Oder ist nur das Wetter schuld daran?

Sie fährt auf die Waldkatze ein. Der Marder glaubt in dem ersten Augenblick der Überrumpelung, daß er einem Truthahn geradeswegs in die Arme läuft. Ein warmes Aufblitzen, eine Mischung von Freude und Überraschung über dies unerhörte Glück zuckt in den kleinen, listigen Lichtern des behenden Raubmörders auf — da pflanzt Strix ihre acht Fänge in seinen Hinterkörper.

Äh! knurrt der kleine Taa ... verdammter Irrtum! Und blitzschnell reißt er seinen kurzen, kräftigen Katzenschlund auf — Strix sieht wie in einer Sonnenuntergangsvision den roten, blutdampfenden Rachen und die weißen Zahnreihen. Eine drohende Wolke von wilder Bosheit senkt sich über die vorhin so glitzernden Pupillen des Marders; er legt die Lauscher zurück und windet sich mit einer Kraftanspannung plötzlich in eine kauernde Stellung.

Strix will sich das Tier mit ihren Fängen vom Leibe halten, aber Klein-Taa ist zu lang, ohne Anstrengung gelingt es ihm, seine Vorderläufe in die Horneule hineinzuschlagen. Er umarmt Strix auf beiden Seiten des Brustbeins und bohrt in der Wut seines ganzen Schmerzes seine Nase und seinen Rachen in ihre Federn und ihr Fleisch.

Einen Augenblick ist Strix kurz davor, umzufallen.

Sie muß den einen Fang loslassen und in aller Eile die Flügelspitzen und den Stoß als Stützstäbe in die Erde bohren, aber der Marder geht mit der vollen Unbändigkeit seines ganzen Mordinstinktes drauflos.

Vergebens preßt Strix ihr zottiges Gesicht gegen seinen Nacken und läßt ihre scharfe Hakennase seinen Pelz lichten, vergebens schleudert sie ihm ihr Wolfsgeheul ins Ohr und begeifert ihn mit ihrem Auswurf: der aufgeregte

Taa läßt sich nicht einschüchtern, es handelt sich um Leben oder Tod — Strix muß entweder weichen oder sich ergeben.

Strix, die noch unverletzt ist, weil ihr dichtdauniges Kleid und die langen, dicken Brustfedern bisher den Stachel von den leidenschaftlichen Bissen des Marders abgehalten haben, wählt das erstere und reißt sich mit einem Ruck von ihrem Gegner los. Aber der Marder hält fest und geht mit.

Da kommt ein Orkanstoß! Er schlägt plötzlich wie ein Vogel Greif nach Beute in die Waldestiefe hinab, fällt ein paar Bäume und erhascht einen Arm voll Laub. Strix breitet mechanisch die Flügel zur Flucht aus — und leicht wie ein Federball, den Marder in ihren Fängen, braust sie durch die Waldesgipfel empor. Sie hat das Glück, beim Aufflug, wo Klein-Taa endlich loslassen will, seinen langen, geschmeidigen Körper fest zu umklammern, ihre acht Krummdolche bohren sich in sein Fell hinein, gerade unter den Schulterblättern zwischen den Rippen.

Das wird eine seltsame Luftfahrt! Im Vergleich damit ist der Flug mit der Kreuzotter das reine Kinderspiel; der fauchende Sturm nimmt Strix mit ihrem bißchen Beute in seine mächtigen Klauen und streicht mit rasender Geschwindigkeit mit ihnen davon. Er spielt Fangball mit ihnen, wirbelt sie in großen Rutschbahnschleifen auf und nieder und nach den Seiten und rund herum. Strix hat alle ihre Kräfte nötig, um die Flügel gespannt zu halten.

Die wasserblanke Erde jagt wie auf flüchtigen Läufen des Rehbocks unter ihr dahin; sie sieht von Dukelheit umhüllte Baumwipfel auf sich zu eilen, im Nu unter ihr liegen und dann wieder davonschießen. Bald ist sie schwindelnd hoch in der Luft über ihnen, sie sieht weder Gestrüpp noch Hochwald oder die Lichtung der kahlen Stellen; bald ist sie den schaukelnden Kronenwölbungen so nahe, daß sie ihr Sturmgebraus und Zweigegeklapper hören kann — und es durchschaudert sie, trotzdem sie den Marder umklammert hält; sie kann ja nicht landen, das fühlt sie, nicht anhalten und die Flügel emporschwingen und im Winde rütteln; alles, was sie berührt, wird sie umrennen.

Da macht sie eine mächtige Bewegung mit den Flügeln und, obwohl ein Flug in die hohe Luft sonst nicht Sache der Eule ist, steigt und steigt sie — sie muß fort von der Anziehungskraft der Erde und der Sturmesgewalt, hoch hinauf, wo sie ungehindert gleiten kann, wenn auch in einer selbst für sie wahnsinnigen Eile.

Eindrücke und Empfindungen sausen durch ihr Gehirn; sie drängen sich auf, gewinnen Platz, werden beiseite gestoßen und gewinnen abermals Platz, und während alledem kämpft sie — sie, der lebende Ballon — mit ihrem noch immer gleich mordlustigen Passagier in der Gondel.

Klein-Taa, dem schon gleich zu Anfang Strix' Klauen durch die Eingeweide gedrungen sind, wühlt ununterbrochen in ihrer Brust und ihren Flanken herum, aber ihm fehlt eine Stütze für seinen Hinterkörper, seine Bisse gelangen nicht auf den Grund, er reißt ihr nur große Büschel Federn und Hautstreifen aus.

Strix ihrerseits arbeitet mit der ganzen Willenskraft des Selbsterhaltungstriebes. Zäh und ausdauernd klemmt sie die Horndolche tiefer und tiefer in die Seiten des Marders und zapft Blut aus seiner Brust, während sie vor Erregung und Anstrengung im Fluge schlingert.

Taa ist im Begriff zu ermatten. Er schnappt wild und blind im Irrsinn des Todes um sich, und seine kräftigen Hinterklauen, die wiederholt während der Fahrt Strix auf verhängnisvolle Weise gegen den Bauch gestoßen haben, fangen an, schlaff und leblos herabzuhängen.

Da benutzt Strix einen Augenblick, wo Klein-Taa, um Luft zu schöpfen und die kitzelnden Federn vom Maul zu entfernen, den Hals ausstreckt, und sie umfaßt mit ihrem scharfen Krummschnabel seine Kehle. Einen Bruchteil einer Sekunde schwindelt es sie — dann läßt sie plötzlich, zuerst mit den Fängen, dann mit dem Schnabel, los. Sie schleudert ihn von sich und gibt ihm noch einen Segen in Gestalt ihres kalkweißen Geschmeißes mit. In einem langgestreckten Bogen sieht sie seinen schwarzen Raubtierkörper, der sich rund um seine Rute herum dreht, durch die Luft Purzelbäume schlagen, bis ihn das Erdendunkel endlich verschlingt, und er in der Nacht verschwindet.

Im selben Nu erfaßt der Sturm Strix wie mit einem Kampfruck. Von ihrem Passagier befreit, ist sie einen Augenblick später hoch oben zwischen den Wolken; sie muß schleunigst ihre Flügelweite verringern, sich rund herumdrehen und, den Kopf gegen die Windrichtung, sich in langen, weitgedehnten Schleifen seitlich dahintreiben lassen. Naßkalte Sturmstöße fauchen ihr ins Gesicht und pflücken lose Daunen und Federn aus ihrem Kleide — dann ergießen sie sich in reißenden Regenströmen über sie.

Ermattet vom Kampfe und schwer von dem Regen, der sie niederzuschlagen droht, sucht sie schleunigst Schutz hinter dem ersten Hügelabhang, den sie antrifft. Jetzt, wo sie ein freier Vogel ist, hat sie keine Angst, dagegen zu rennen; sie hat ihre ganze Beweglichkeit wieder und landet glatt auf einem Fels im Talgrunde.

Sie ist entsetzlich zugerichtet.

Der eine Schenkel hängt in Fetzen, bis in die Fänge hinein schnurrt es darin; der Ständer versagt anfänglich dem Körper die Stütze. Von den langen Brustfedern, mit denen sie die Fänge zu wärmen pflegt, sind nur noch einzelne Daunen übrig geblieben, der übrige Teil der Brust besteht aus schweißenden Löchern und Rissen. Sie ist mürbe am ganzen Körper, im Nacken, in den Flügeln — und ihre mächtigen Fänge sind wie aus den Gelenken gezogen. Der große Knoten an ihrem linken Augenlid, den sie jahrelang mit sich herumgeschleppt hat, seit ihrem Kampf mit der Kreuzotter, ist fast zu Wallnußgröße angeschwollen und ragt über das Auge vor, so daß sie nur schlecht sehen kann. Jeder Fleck an ihrem Rumpf schreit nach Pflege und Säuberung.

Sie muß irgendwo in Ruhe und Einsamkeit sitzen — und sie hinkt davon, hinab nach einem Graben und verkriecht sich unter einer Brücke.

Ein großer Frosch, der, aus seinem Winterschlaf erwacht, auf dem Wege ins Freie ist, hat das Unglück, ihr geradeswegs in die Fänge zu laufen.

— — —

Der kalte Klumpen war ein Götterbissen für Strix, er wirkte wie ein Stück Eis in dem Mund eines armen, dürstenden, fieberkranken Patienten!

12. Zurück

Die Luftfahrt mit dem Marder blieb Strix' letzte Heldentat. Die Kämpfe des Lebens hatten sie allmählich arg mitgenommen.

Als sie wieder einigermaßen zu Kräften gekommen ist und ihre Wundflächen sich vernarbt haben, fliegt sie fort aus ihrem Schlupfwinkel unter der Brücke. Sie hat sich dort von einem Mondwechsel bis zum andern aufgehalten und Frieden gehabt, denn um diese Jahreszeit gab es ja keine Arbeit auf den Feldern.

Wochenlang fliegt sie herum und sucht — sucht nach großen Wäldern mit hohlen Bäumen, nach alten, leeren Eichen. Sie sucht nach Ruhe und Frieden, nach der großen Einsamkeit, die ihr Schreien ertragen kann, ohne sich zu entsetzen ... wo sich der Wald ohne Hilfe der Menschen verjüngt, wo die Sonnenstrahlen spielen und der Wind saust, wo niemand außer ihr sich in die Weltenordnung einmischt — da will sie sein, da will sie hin ...

Während sie so umherschweift, folgt sie, ohne es zu wissen, einem uralten Naturgesetz. Es liegt heimlich verborgen in dem Fluge ihrer Flügel wie in dem Bedürfnis ihres Herzens: sie fliegt im Kreise und landet in einer schönen Mitternacht in heimischen Gegenden.

Während ihrer Luftfahrt mit Klein-Taa hat sie in einem einzigen Fluge eine Wegeslänge zurückgelegt, zu der sie in früheren Zeiten Jahre und Tage gebraucht hat. Sie ist über den Westerwald dahingeflogen und über seine jetzt so kultivierten Sümpfe und Moore; sie ist über ihre einstmals so große Heide geflogen, die jetzt zum größten Teil umgepflügt und bepflanzt ist. Der Hügelabhang, hinter dem sie in der Nacht landete, liegt nicht weit von dem verfallenen, von Ratten wimmelnden Torfschuppen, und der Wald, in den sie jetzt Einkehr hält, ist — wilder Wald.

Aber sie kennt ihren großen wilden Wald nicht wieder!

Dort, wo noch vor zwei Jahrzehnten, als sie in der hohlen Buche auf der Hügelkette vor dem Waldsee wohnte, alte, herrlich dichte Tannen wuchsen, wo es selbst an glühenden Sommertagen dunkel und kühl war, ragen jetzt lange, gestengelte Stöcke in die Höhe. Und da ist immer Spektakel! Die Menschen treiben sich dort herum und hauen weg, so daß nur die steifsten von den Stöcken übrig bleiben.

Der neue Wald sieht aus wie hohes Gras.

Und treiben die Menschen sich dort nicht herum, so zerrt der Wind fast immer an den Wipfeln; die Bäume ihrer Kindheit standen frei und offen, sie konnten sich, ohne einander zu hindern, wiegen und biegen.

Und nun die alten Riesen mit den vielen Knorren, Narben und Löchern, die sie Bäume zu nennen pflegte und nicht Gras — die sind weg. Die Axt hat sie wohl genommen, lange bevor der Sturm sie hat holen mögen.

In einer kleinen, krummen, dichtkronigen Buche läßt sie sich nieder!

Es ist eine Krüppel-Buche — einigen Bäumen ergeht es nämlich wie einigen Menschen: je mehr sie in Regelmäßigkeit und Schemaform hineingezwängt werden, um so mehr kommen sie mit der Neigung zum Ausschreiten zur Welt. Sie werden sonderlich — und wollen nicht gut tun! Viel von dem Samen, den die langaufgeschossenen, hochkultivierten Buchen um sich werfen, und den sie von Winden und Vögeln über das umliegende Land hinaustragen lassen, artet nicht im geringsten nach seinem Ursprung. Der Nachwuchs wird krumm und buckelig, treibt Zweige in rechten Winkeln und bildet, wenn er Erlaubnis erhält, lange genug zu stehen, die wunderlichsten Labyrinthe aus seiner Kronenwölbung. Die Forstleute haben geradezu neue Namen für diese Sonderlinge; sie nennen sie Krüppel.

In der dichtverfilzten Zweigkrone einer solchen Krüppelbuche haust Strix fast einen ganzen Monat.

Aber was hilft es ihr, daß sie endlich Häusung gefunden hat — Tagesruhe und Waldesfrieden hat sie nicht gefunden.

In alten Zeiten waren Tagesruhe und Waldesfrieden so sicher wie die Sonne am Himmel. Wenn sie damals aus ihrem Mittagsschlummer in dem hohlen Baumstamm erwachte, hatte sie nur den Gesang der Jahreszeit im Walde gehört: im Winter den Sturm und das Sieden und Brausen. Im Herbst den Regen und den Tropfenfall und das Plätschern. Im Frühling das Bersten der Knospenschalen und das Glucksen und Saugen des Holzsaftes aus Wurzel und Faser.

Und im Sommer hatte sie damals nur das Zittern der Blätter, das Summen der Insekten, den Diskant der Mönchgrasmücke und das Gurren der Holztaube gehört, alles das, was naturgemäß mit zu dem Waldfrieden gehörte und gleichsam die Stille verdoppelte.

Jetzt dahingegen — nein, sie gewöhnt sich niemals daran, sondern fährt jede zweite, dritte Minute auf: Ein Wagen nach dem andern kommt dahergerollt, Rufen und Rennen von Menschen ertönt; dann bellt ein Hund, ein Schuß knallt; das Gellen von Pfiffen erschallt und das aufgeschreckte Gebrüll von Waldhörnern. Der Wald hat sich verändert; der neue Wald hat andere Gewohnheiten als der alte — und die sind ihrem Wesen und ihrer Natur ganz zuwider.

So muß sie denn weiter, — nach nur ein paar Monaten! Sie muß den Kreis schließen und die letzte Strecke der weiten, starkgebogenen Kurve zurücklegen, in der sie seit ihren frühesten Tagen vorwärts getrieben wurde.

Gewandert ist sie auf ihre Weise — und nun geschieht es, daß der Instinkt und die neuen Verhältnisse in den Gegenden, aus denen sie kommt, sie nach den großen Fördenwäldern zurückziehen, wo sie einstmals gebrütet hat, und wo sie vor bald achtzig Jahren das Licht der Welt erblickte.

Der große Eichenstumpf, unter dem sie ihren Horst gehabt und ihr erstes Gelege Junge mit Uf ausgebrütet hat, ist nicht mehr da, und alles, was dunkel und urwäldlich war, — was sie schön genannt hat — ist weg ... nur draußen in einer Einöde, in einem sumpfigen, tiefgelegenen Winkel, den die Menschen jetzt die Urwaldecke nennen, stehen auf einigen kleinen Inseln in einem schlammigen, noch unentwässerten Waldmoor ein paar alte, geschonte Rieseneichen.

Jahrhunderte und Jahrhunderte sind über die Eichen dahingegangen! Winter auf Winter, Frühling auf Frühling haben sie erlebt, haben sie genossen. Sie kennen den Himmel in Frostkälte mit Schneegestöber, in Lenzesblau mit Schneewolken, in Sommersonne und Herbstnebel; sie kennen Edelhirsch und Wildsau, Wolf und Bär — und sie kennen den Menschen!

Aus dem Baumgewimmel des Urwaldes, aus seinem Chaos von Alt und Jung, Heimgegangenem und Neuem sind sie herausgestiegen, haben sie sich emporgelitten, emporgetrotzt und sich den Platz erkämpft, auf dem sie stehen. Vor hunderten und aber hunderten von Jahren haben sie geblüht und die Wonne der Bestäubung genossen; vor hunderten und aber hunderten von Jahren haben sie schwere, langapfelige Früchte um sich gestreut. Sie haben Generationen von Tieren und Generationen von Vögeln gefüttert, haben das Sonnenlicht von über tausenden von Jahren umgesetzt. Jetzt verebbt das Leben in ihnen, sie sollen der Erde zurückgeben, was sie einstmals empfangen haben.

Auf ein paar alten Bildern an der Wand des Forsthauses steht eine jede von ihnen wie ein einsam aufragender Turm. Die Photographien sind vor fast einem Menschenalter aufgenommen, als der Tannenwald auf den Hügeln rings um sie her nur eine kleine Anpflanzung war. Kein jetzt lebender Forstbeamter entsinnt sich der alten Eichen als Waldkönige zwischen Tannenzwergen stehend. Nur Strix sieht noch heutigen Tages immer das stolze Bild. Da ist sie Nacht für Nacht über den kleinen Tannen hingeschwebt und hat manch einen jungen Hasen, manch ein Rehkitz geschlagen, und Amseln hat sie zu hunderten genommen.

Die eine von den Eichen — die älteste — ist überall geborsten und gerissen, und es sind große Stücke aus ihrem Stamm gefallen. Man hat

Liebhaberaufnahmen, wo ein Reiter zu Pferd in der Eiche hält! Um sie zu bewahren, ist ihre Rinde in Eisenringe eingeschlossen und es sind starke Stützen unter ihre Äste gestellt. So geborsten und zerrissen ist sie, daß die Leute gar nicht mehr glauben wollen, daß es ein Baum mit einem Stamm gewesen ist. Nein, den Ärger muß sie nun erdulden, daß kluge Köpfe unter den Forsteleven behaupten, es sei ursprünglich ein ganzes Bündel von Eichen gewesen, deren Stämme dann allmählich zusammengewachsen seien.

Die andere Eiche, die am weitesten draußen im Moore steht, umgeben von dem Geflecht des Geisblatts und dem dichten Wald der Adlerfarnen, hat noch ihre ganze äußere Rinde bewahrt. So mächtig ist ihr Stamm, daß zehn Personen erforderlich sind, um ihn zu umspannen und ihre dicken, knorrigen Wurzeln greifen so weit um sich, daß ein vierspänniger Wagen im Kreise um sie herumfahren könnte. Es ist ein Anblick aus der Vergangenheit!

Wer sich allmählich durch das Gestrüpp hindurchgearbeitet hat, und nun plötzlich der Eiche von Angesicht zu Angesicht gegenübersteht, stutzt ganz benommen: das ist doch endlich einmal ein Baum, den ein paar moderne Holzhauer nicht in einem Tage zu bewältigen vermögen!

Nur ganz oben, wo ein Ast abgewehrt ist, hat das Alter eingesetzt. Hier ist die Rinde abgefallen, und ein großes Loch klafft aus der nackten Holzschale heraus.

Durch dies Loch fliegt Strix eines Abends hinein und läßt sich auf den Boden des hohlen Stammes fallen. Hier sitzt sie den Winter hindurch — sitzt warm und dunkel zwischen Spinnengeweben und Wurmlöchern, ohne andre Gesellschaft als ein paar Frostschmetterlinge und eine große Hummel im Winterschlaf.

Als der Frühling kommt, fliegt eine ungenierte Kohlmeisenfamilie in den Baum hinein und läßt sich häuslich nieder in dem faulen Holz über ihr. Das Nest, das ganz unten in einem langen und engen Loch ist, birgt fast eine ganze Stiege Eier!

Und dann, eines Morgens, als Strix von der nächtlichen Jagd heimkehrt, sieht sie auf dem Grunde der hohlen Eiche zwischen ihren großen Gewöllklößen die letzten traurigen Überreste des Meisenweibchens liegen. Der kleine Vogel hat offenbar ein tragisches Ende genommen.

Aber noch am Abend desselben Tages stellt sich der Meisenvater mit einem neuen Weibchen ein, das ganz ruhig das Eierlegen in dem Nest der ersten Frau fortsetzt. Längst hat der arme Mann die Stiege voll, aber das Ende ist noch nicht abzusehen, das kann die alte, welterfahrene Eule hören.

Dies schreckliche Rumoren ist Strix ein wenig unbehaglich, und als das Meisenpaar erst Junge bekommt, ganze einundzwanzig, da wird das Geschrei und Gepiepse fast unerträglich. Mehrmals versucht Strix, all das schreiende Leben mit den Fängen herauszuziehen — es ist ja doch Nahrung und sie ist gleich zur Hand. Aber ihre Fänge sind nicht mehr kräftig und nicht mehr geschmeidig genug, namentlich wollen die großen Horndolche sich nicht mehr in Winkel biegen lassen.

So gewöhnt sie sich denn an den Spektakel ... etwas Gemütliches hat dies Lärmen trotz alledem! Es bringt Abwechslung, es bringt Leben — und sie entbehrt es sehr, als die Meisenkinder eines schönen Tages erwachsen sind und sich auf und davon machen.

Strix altert jetzt. Und wie bei allen Raubvögeln meldet sich das Alter ungestüm und plötzlich.

Ihre starken geschmeidigen Flügel fangen an, steif zu werden, ihre Fänge sind abgenutzt und sie greift fehl. Auch ihr Sehvermögen ist nicht mehr wie in alten Zeiten, wo sie in der Dämmerung des Zwielichts die Motte am Stamm erkennen konnte.

So ist ihr kürzlich ein wahrer Skandal passiert — sie hält einen großen Auswuchs an einem Stamm für einen Vogel!

Der Auswuchs ist ein Wespennest, aber im Blendwerk des Mondlichts und zwischen dem Maskenspiel der Blätter wird es zu einem Birkhahn.

Es ist lange, sehr lange her, seit die alte Strix Birkhahn gekostet hat, und es hungert sie förmlich danach, wieder einmal einen ordentlichen Bissen zu bekommen. Sie entsinnt sich ihres früher so glücklichen Verfahrens, setzt volle Fahrt auf und — schlägt mit allen ihren acht Fängen in eine wunderlich schwammige Zundermasse. Sie hat sich geirrt, das merkt sie, denn dies Wesen ist ja kein Wesen ihrer Natur; es schreit nicht, es summt — und die Daunen, die sie losreißt, sind lebendig und stechen.

Für einen Wespenbussard würde diese Begebenheit ein wahrer Götterbissen gewesen sein; der Vogel würde die Waben geschätzt haben, er hätte es verstanden, jede Hornisse aus ihrer Federbekleidung herauszuschälen. Strix dahingegen wird nur gequält und zerstochen, obwohl sie nicht zaudert, die Flucht zu ergreifen.

Mehrere Tage lang ist sie hiernach in ihrem hohlen Baum sitzen geblieben und hat über ihr Schicksal gejammert; sie begreift nicht, warum das Glück sie so plötzlich im Stich läßt ...

Bisher war ja alles, was mit dem Beschaffen der Nahrung zusammenhing, so selbstverständlich für Strix gegangen! Sie hatte immer fangen können und selbst aus ungleichem Kampf immer den Sieg davongetragen. Sie hatte sich aus schwierigen Lagen erretten, hatte Schutz und Versteck finden können, kurz, das Leben war trotz allen Streites und aller Widerwärtigkeiten leicht für sie gewesen.

Sie wird ganz melancholisch!

Und während der Sommer fortschreitet und die Ernte herannaht, macht das Alter mehr und mehr sein Recht geltend.

Die ehemals so selbstverständlichen kleinen Glückszufälle werden zu ebenso selbstverständlichen kleinen Unglücksfällen; sie fliegt immer häufiger in der Dunkelheit irre; bekommt Schläge von den Zweigen ins Auge und stößt die Flügel und den Kopf gegen Äste und Baumstümpfe. Eines Abends auf der Jagd verwickelt sie sich — bei den wütenden Anstrengungen, ein Moorschwein zu fangen — in ein niedriges Eisengespinst, das die großen zweibeinigen Spinnen um eine Anpflanzung gezogen haben. Um ein Haar hätte sie ihr Leben dabei eingebüßt.

Die Arbeit der Nacht wird schwer für sie; sie geht ihr nicht mehr wie ein Spiel von der Hand, sondern verursacht ihr große Anstrengungen und tausende von Qualen.

Das alles altert sie; sie büßt mehr und mehr von dem ein, was wir Menschen Lebenskraft nennen: Mut und gute Laune.

— — — —

Es wird wieder Winter — und Strix hat sehr zu leiden. Namentlich peinigen ihre Erbfeinde — die Krähen und Elstern — sie schrecklich.

Eines Tages wird sie von einer ganzen Schar Elstern entdeckt; es sind ihrer zwölf — zwei ganze Familien — Hauskrähen, mit langen Schwänzen und mit Weiß an den Flügeln, ihre Federn glänzen wie Metall; sie sind eingebildet und sagen, daß sie, wenn sie fliegen, sehr wohl mit Fasanenhähnen verwechselt werden können. Sie foppen die Alte, ziehen sie auf. Sie sitzt da, verzweifelt vor Wut, und schneidet Gesichter.

Aber was soll sie tun? Mit ihrem Sehvermögen ist es schlecht bestellt, namentlich am hellen Tage, und sie kann nicht mehr, wie in ihren jungen Tagen, herausfahren und eine mit jedem Fang fassen und sie mit sich in den hohlen Baum schleppen. Sie muß den Hohn leiden und die Qual aushalten. Aber allein das Bewußtsein davon macht sie noch hinfälliger.

Es ist unter den Tieren nicht wie unter den Menschen. Unter den Tieren muß ein jeder für sich selbst sorgen, und nur selten hilft eins dem andern beim Fang, wenn die Fänge abgegriffen und die scharfen Zahnränder oder Schneiden zu Zahnfleisch werden. Daher kommen auch in diesem Winter für Strix Zeiten wo sie Aas fressen und noch dankbar dafür sein muß.

In ihrem langen Leben hat sie reichlich Gelegenheit gehabt, das nächtliche Leben der Raubtiere aus der Nähe zu beobachten und ihr Tun und Lassen zu erspähen.

Sie sieht die Füchse in großem Umfang ihre verschiedenen Speisekammern rings umher im Erdboden versorgen. Die Kerle machen es gerade so wie der Hund, sie vergraben alles, was sie nicht auf einmal fressen können. Rings umher in den Mooren, unter Grasbüscheln und in verlassenen Ameisenhaufen verstecken sie ihren Raub — und finden ihn mit Sicherheit selbst nach Verlauf langer Zeiten wieder.

So legt sich denn Strix darauf, ihnen ihren Wechsel abzulauern und die Gelegenheit wahrzunehmen, in ungestörter Ruhe sich die Niederlagen zunutze zu machen. Aber das Leichengift des Aases ist keine stärkende Medizin — sie wird schwach und altert in beständig zunehmendem Grade.

— — —

Strix hat jetzt die längste Zeit gelebt.

Sie hat alle Qualen des Lebens erduldet —

Der Nachtfrost und der Lenzschnee löschten den Lebensfunken in ihrem ersten Gelege Eier und sie hat mehr als einmal auf verfaulten Eierschalen gesessen; einige spätausgefallene Junge, die nicht flügge waren, als der Winter kam, sind eingegangen, und wo sind die wenigen glücklichen, die lebten, abgeblieben?

Sie hat sich nie stark vermehrt und die Welt mit dem Abklatsch ihres eigenen Ichs belästigt. Andere Vögel brüteten zweimal im Jahre und setzten jedesmal vier, sechs, acht, ja, zehn Kinder in die Welt; sie war mäßig gewesen und hatte sich stets mit nur zweien begnügt.

— — —

Der Winter geht seinen Gang. Er wird hart werden in diesem Jahr, und Strix leidet Not — schlimmer denn je.

Sie streift nicht mehr umher, macht nicht einmal mehr kleine Ausflüge; sie hat keine Kräfte dazu und fühlt auch nicht das Bedürfnis. Sie bleibt lieber in der Urwaldecke und hungert.

Wenn dann der Novembersturm pfeift und die Schneeflocken um ihr Haus da draußen wirbeln, wenn es so schneidend kalt ist, daß Larve und Wurm im Holz um sie her in Ruhe frieren und nicht den leisesten Laut mehr telegraphieren — dann schließt sie die Augen und sitzt in sich versunken da, während sie den dänischen Frühling vor sich sieht.

Die Weiden stehen gelb von aufgebrochenen Kätzchen, und Schwärme von lenzdurstigen Bienen fliegen hin und her, während ein warmer und wachstumverheißender Erdbrodem aus dem Boden aufsteigt. Die Schnecken sind draußen, und mitten im Sonnenschein zwischen den grünen Wildkerbelbüschen thront eine große, leckere Kröte. Sie sitzt da und verzehrt Mücken, die sie in einem dichten Schwarm umtanzen. Jedesmal, wenn sie mit Blitzesgeschwindigkeit die Zunge herausgeschnellt und sie wieder hineingezogen hat, zwinkert sie wohlbefriedigt mit den Augen.

Strix will sich über sie stürzen; die Kröte ist ja nun bald derjenige von den „Schnelläufern", mit dem sie am besten fertig werden kann — da erwacht sie zu der nüchternen Wirklichkeit, indem sie mit dem Kopf gegen den hohlen Baumstamm stößt.

Ja, Strix war alt geworden, uralt — und das war gerade der Segen beim Altwerden, daß man die Fähigkeit erhielt, in sich hineinzusehen und die Bilder hervorzurufen, die man zu Dutzenden und Aberdutzenden von Malen in einem langen Leben gesehen hatte. Man schwelgte in den Erfahrungen, man sah den Wechsel der Natur zu jeder Zeit im Strahlenglanz der Erinnerung vor sich.

Wenn nichts weiter, so konnte man sich ja daran erwärmen!

Aber sehnen tat sich Strix doch — sie sehnte sich, sehnte sich — sie konnte sich nur nicht klar darüber werden, wonach. Es lag wie ein beständiger Druck dadrinnen, wo das, was man Hoffnung und Glauben nennt, Wohnung hat ...

Sie sehnte sich nach dem, was nicht mehr war, nach dem Unberührten, Großzügigen in der Natur ihrer Heimat, oder nach den alten, guten, traulichen Zeiten, als Einsamkeit im Walde war, wo sie Aussicht auf die Heide, auf Wild und Fauna hatte und nicht einzig und allein auf Menschen und wieder Menschen.

Sie sehnte sich nach dem in der nordischen Natur, womit ihre eigene Natur so innig verknüpft war: nach dem Trotzigen, dem Unnachgiebigen. Jetzt hatten die Menschen alles auf den Kopf gestellt, und Wege und Eisenbahnen, Anpflanzungen und Kornäcker überall hingebracht, wo früher Wildnis herrschte. Sie hatten die Wälder aus ihrem Naturzustande in beschnittene Gärten verwandelt und all das ursprüngliche Tierleben aus ihnen vertrieben; sie hatten die Natur zahm gemacht, sie pflügten sie um und eggten sie, sie bestellten sie und kleckstenen ein Haus neben dem andern auf. Als einzige Erscheinung hatte sie, und nur sie, und dann die beiden alten Eichen den Untergang all des Freien überstanden; sie spürte es jetzt in ihren alten Jahren mehr denn je an sich, daß sie heimatlos und verfolgt war, und daß sie es ihr ganzes Leben gewesen war.

Deswegen klagte sie so oft, daß es gleichsam wie ein Unwetterschaudern durch die Umgegend ging, deswegen lag etwas unerklärlich Unheimliches in ihrem einsamen nächtlichen Heulen.

13. Strix schafft sich einen Sklaven an

In der Urwaldecke — um die alten Eichen herum — traf man eine Menge hohler und zunderiger Vergangenheitsbäume zwischen dem Neuwuchs an.

Darin wohnten die andern Eulen des Waldes, die kleinen Eulen, deren Treiben und deren Lebensweise ganz so war wie Strixens. Ihre Gesellschaft hatte Strix denn auch immer zugesagt.

Sie hielten Sabbath, wenn sie Sabbath hielt, bedurften des Schlafes, wenn auch sie müde war, und kamen nicht am Tage dahergebraust und machten Lärm. Ihre Nähe belebte die alte Eule, sie waren gleichsam Fleisch von ihrem Fleisch und redeten ihre Sprache.

Jeder Vogel singt mit seinem Schnabel, sagen die Menschen. Die eine Vogelart versteht denn auch nicht viel von dem, was die andre sagt. Die Lyrik der kleinen Vögel wird nicht von den Krähen verstanden, und das Krächzen der Krähen, von dem sie selbst versichern, daß es voll von den schönsten und am meisten in die Ohren fallenden Harmonien ist, wird von den Habichten nicht geschätzt. In der Vogelwelt herrscht mit andern Worten, ebenso wie in der Menschenwelt, eine babylonische Sprachenverwirrung.

Eine Art spricht sozusagen Deutsch, eine andre Flämisch, eine dritte Französisch usw. Nur einzelne Sprachgenies, wie die Familien Star und Elster, gibt es; sie sind mit der Fähigkeit geboren, sich in mehrere Sprachen hineinzuversetzen, und sie treten als Dolmetscher auf. Nicht alle aus diesen Familien bringen es gleich weit — und nur ein einzelner alter, hochbegabter Star versteht zehn Sprachen!

Strix hat oft um die Frühlingszeit von ihrem bescheidenen Platz unter der Tribüne dem Vortrag eines solchen „Professors" beigewohnt. Das meiste klang in Strix' Ohren chinesisch, aber vereinzelte Male, wenn ein paar hohle, orgeltönende Brauselaute kamen, spitzte sie die Hörner und machte einen langen Hals ... es war, als wenn wir Menschen auf der Reise in Italien plötzlich von einem Tisch im Speisesaale heimische Laute hören.

Aber alle die langen Schrei- und Heulkonzerte der kleinen Eulen waren Strix von Anfang bis zu Ende verständlich; sie sprachen ja in ihrer Zunge, nur weicher und sanfter.

Von ihnen sagte sie auch, daß sie zwitscherten.

― ―

In den Zeiten vor vielen, langen Jahren, nachdem ihr Gatte gestorben war, und ehe sie sich noch so recht an ihre Einsamkeit gewöhnt hatte, suchte sie mit Vorliebe die Gesellschaft der kleinen Eulen.

Wenn die blanken Märznächte im Anzuge waren und der Himmel wie mit blitzenden, feurigen Eulenaugen übersäet war, wenn es in der alten hohlen Buche, in der sie damals saß, zu kribbeln und zu krabbeln begann, und die Fledermäuse oben in dem faulen Holz, die sonst immer am liebsten jede für sich allein hängen wollten, wonnevoll piepsten und liebeskrank in der Dunkelheit zusammenkrochen ... wenn sie selbst hinaus mußte, nicht um zu fangen, sondern um zu tanzen wie auf sonnendurchglühter Baumrinde, während sie wahnsinnig mit den Flügeln um sich schlug — da hatte sie sich oft den Kavalieren der kleinen Eulen gegenüber äußerst angenehm gemacht.

Sie fing gute Bissen für sie, Raub, den sie sonst niemals bekamen, wie Hasen, Birkhähne und Rebhühner; sie ließ sie ihre fetten Ratten kröpfen, während sie unter anmutigen Gebärden und gurrend wie eine Kropftaube um sie herumschwänzelte und ihnen Anlaß gab, ihr ihre Aufwartung zu machen. Aber keiner von ihnen hatte sich veranlaßt gefühlt, sich näher mit ihr einzulassen.

Wenn dann der Herbst kam, wenn der regnerische November mit seinem Tagesgrau und seiner Nachtfinsternis den Sinn schwer und das Blut reizbar machte, wenn alles Wild noch sommerstark war, nicht geschwächt durch Winterhunger, Frost und Kälte und daher wachsam und ungeheuer schwer zu fangen — da nahm Strix eine überraschend blutige Rache. Sie tat es nicht bewußt, das muß man zu ihrem Lobe sagen; sie tat es aus Instinkt und aus Rücksicht auf die Ansprüche ihres großen Magens.

Wenn die kleinen Eulenherren auf Mäusejagd gingen, schlug ihnen plötzlich ein großer Vogel in den Nacken. Strix tauchte aus der Nacht auf, als werde sie im selben Nu von ihr geboren. Sie machte kurzen Prozeß und verzehrte ihre angebeteten Verwandten mit Federn und Fängen. Die kleinen Eulen draußen im Walde waren denn auch in Todesangst vor ihr gewesen.

Jetzt sind die Zeiten mit den Paarungsgelüsten längst vorüber!

Es ist mit Strix in der letzten Zeit reißend bergab gegangen.

Ihre Federn haben die blanke, dunkelbraune Farbe verloren, und statt dessen den blassen, welken Ton vorjährigen Laubes angenommen. Die haarfeinen Federn um ihren Schnabel sind silbergrau, ihre Flügel sind steif, und der Schnabel ist ungewöhnlich krumm.

Sie ist keine große Eule mehr.

Ihr einst so muskelstarker Körper ist zusammengeschrumpft, so daß ihr die Haut zu weit ist und in Falten und Beuteln sitzt, die Schenkel sind so dünn, daß ihre einst so mächtigen Marterfänge jämmerlich lang erscheinen und den Ständern eines Storches gleichen. Ihr Federkleid ist zerzaust, der neue Brustbart besteht aus lauter Stoppeln ... sie ähnelt einem trocknen, eingeschrumpften Pilz. Nur ihr Kopf rollt noch in seiner vollen Größe unheimlich in den Schalen der knochigen Schulterblätter.

Strix ist abgelebt — die Greisin der Einöde heult aus dem letzten Loch.

— — —

Es ist ein ungewöhnlicher Frühling in diesem Jahr.

Sie kann keine Schlafruhe unten in dem hohlen Eichenstamm finden. Jeden Augenblick sträuben sich ihre Hörner, und die Augen öffnen sich; dann erwacht sie und ist ganz klar: zum bald achtzigsten Mal hört sie die große Botschaft, die das Märzsausen und die Aprilschauer verkünden.

Aber was geht das sie an — und sie lauert wieder in sich hinein ...

Bis neue Botschaften so überaus stark werden, daß sie in ihrem Ohr rumoren: ein Wurm im Holz, ein brandgelber Zitronenfalter, der in einem Spalt überwintert hat und während eines Sonnenstreifens durchaus hinaus will, oder auch nur die Fäden in einem Kokon, die während der unmittelbar bevorstehenden Verwandlung der Puppe zu bersten anfangen. Alle diese feinen, dem menschlichen Ohr unhörbaren Laute dringen auf sie ein und wecken sie ununterbrochen.

Bald kann sie nicht mehr unten in der hohlen Eiche sein, es hämmert und pocht, es beißt und nagt, sie muß aufbrechen und sich auf den Rand des Zunders, dicht unter das Eingangsloch setzen.

Die bisher so weiße Erde liegt geborsten und gefleckt vor ihr. Sie sieht schwarze Erdschollen und rotes welkes Laub hervorschimmern. Es plätschert um sie her, und jeden Augenblick schwindet das Weiße mehr und mehr, es wird schmutzig und gelb, es vergeht spurlos.

Bläulicher, dichter Nebel steigt um sie auf; sie starrt in Wolken von Feuchtigkeit hinein und sieht das Tauwetter dampfend durch den Wald schreiten. Die kleinen Schlammseen rings umher im Waldmoor, die starr und blankschwarz dagelegen haben, nehmen einen matten, milchigen Ton an. Dann berstet das Eis an einer Stelle, es gurgelt und quillt empor mit ausgelassenem, befreitem Wasserspritzen. Es ist, als läge ein großer Fisch unter dem Eise; er will Luft und Platz haben und fährt deswegen herum und stemmt die Rückenflosse gegen die Eiskruste — überall entstehen Risse und gurgelndes Geräusch.

Dann fangen die Hügelwände von ihrem Baum an zu glucksen; kleine Rinnsäle kommen mit rasender Geschwindigkeit herab, stürzen sich kopfüber den Abhang hinunter und bohren sich in den Talboden. Es summt da unten, es singt, es braust es strömt — ein Wildbach ist plötzlich entstanden.

Winzig kleine, grüne Keime tauchen aus dem Waldboden auf, und in der Lichtung zwischen den Bäumen wird es sonnig und warm. Wie es um sie her schimmert, wie es schwillt! Sie entdeckt etwas Grünes, sie kann schon Blätter sehen ... der welke Wald legt wieder sein Frühlingskleid an!

Und während die Tage dahingehen, fährt eine Redseligkeit in alle die Strandvögel; obwohl es vielen von ihnen entsetzlich schwer wird, sich auszudrücken, schwatzen sie doch ununterbrochen drauf los. Und dann eines Morgens hört sie Stimmen, die im Laufe des Winters nicht dagewesen sind. Das sind alle die Zugvögel, Drossel und Holztaube, Star und Rotkehlchen, die heimgekehrt sind.

Und mit ihnen kommt das Leben. Sie sind ja weit gereist und haben viel gesehen, sie haben Eindrücke gesammelt und können erzählen — und alle lobpreisen sie wie einen Garten Eden diese alte Urwaldecke, diesen unermeßlichen absterbenden Wald, diese Baumrinde und diesen zundrigen Kern, die in langsamem Faulen begriffen sind; hier ist das reiche Insektenleben, das die modernen Wälder der Gegenwart nicht zu bieten vermögen.

Ein ohrenbetäubender Spektakel erfüllt die Luft. Es heult und pfeift, es tutet und schreit ... Strix muß wieder hinab in ihr dunkles Loch; übel ist es freilich da unten, aber noch tausendmal schlimmer ist es hier oben.

Und die Laute strömen ihr entgegen. Bald bettelnd, bald flehend, aber es sind auch einige tief empörte und gehässige darunter, einige, die Fang und Schnabel ahnen lassen, obwohl sie von winzig kleinen Singvögeln abstammen. Strix hört sie, faßt sie auf und läßt sie durch sich hindurchspülen, ohne sie auch nur mit einem Gedanken zu verfolgen — dies alles ist ja nur der gewöhnliche Weltrummel!

Es ist ein stiller, warmer, lieblicher Lenzabend!

Aus den Gipfelzweigen der Tannen, aus der Kuppelwölbung der Buchen singen die Drosseln ihr letztes Lied, und der große, rote Frühlingsmond hängt wie ein Riesen-Pigeon ganz oben in einem Baumwipfel. Während die Dämmerung mit Sturmesschritten durch den Wald rennt, singen die Vögel dem Tage ein letztes Lebewohl: Wittewit, wittewit! Das ist die Drossel. Wittwii, wittwii, eine andre. Sie sind vor Strix und hinter ihr und überall — Pan bläst: der Zapfenstreich geht durch den Wald.

Strix ist mehrmals auf dem Wege nach oben gewesen.

Es ist ja jetzt ihre Stunde, und der Magen macht Ansprüche. Aber die Krallen wollen heute abend nicht in den Zunder beißen, und die Flügel, die ihr mühseliges Sichhinaufschleppen zu unterstützen pflegen, lassen sich nicht heben. Die Kräfte haben sie plötzlich ganz verlassen.

Sie ist trübselig, die alte Strix.

Während sie sich ausdauernd, aber vergeblich, unten in dem hohlen Stamm abmüht, klagt sie vor sich hin.

Es ist nicht das lange, prachtvolle Ho—o—o, das andere Lenzabende gekannt haben, hinausgerollt mit dem Fanfarenklang der Paarungslust, mit verheißungsvollen breiten Flügeln und einem Übermaß von Kraft, nein es ist ein kleines, furchtsames, abgerissenes Ho, nur bis ins Unendliche wiederholt, eine Art Zeitvertreib, eine Art Trost in der Einsamkeit, oder möglicherweise ein instinktiver Ruf nach Hilfe.

Diese schwachen, herabgestimmten Ho-Rufe, die viel Ähnlichkeit mit den Paarungsrufen der kleinen Eulen haben, werden denn auch von einem kleinen feurigen Eulenhahn aufgefangen, der schon lange ungepaart im Walde herumgeflogen ist. Er gehört zu der Rasse **asio otus** und ist auch eine Horneule mit sich sträubenden Federbüscheln und gelben Kugellichtern; aber das ganze Persönchen ist keine drei Käse hoch, und Strix kann ihn mit Leichtigkeit in ihrem einen Fang zu einem Federklumpen zusammenrollen.

Trotz seines eifrigsten Suchens hat Glip — so heißt die kleine Horneule — kein Weibchen finden können, und dies Unglück ist ihm nun im dritten Jahre widerfahren. Er ist deswegen sehr aufgelegt zu freien, und sei es auch um seine alte Großtante!

Der Grund für seinen beständigen Mißerfolg liegt auf der Hand:

Die Zeit der Bedrängnis, unter der Strix ihr ganzes Leben gelitten hat, beginnt nun auch für die kleinen Eulen. Die Kultur hat in immer stärkerem Grad um sich gegriffen, jetzt raubt man den kleinen Eulen ihre Waldestiefe und haut ihre hohlen Bäume um.

An vielen Stellen verfolgt man sie auch geradezu!

Die Vorliebe für Fasanen hat sich verbreitet: der Kampf zugunsten von dem, was die Menschen das Nutzwild nennen, ist verschärft, kein Raubvogel, er mag noch so klein und unschädlich sein, ist mehr sicher.

Das mögen die Götter wissen; wenn jemand bestrebt gewesen ist, auf ehrliche Eulenweise zu einem Weibchen zu gelangen, so ist es Glip. Er kann mit gutem Gewissen behaupten, daß er weder zu bescheiden, noch zu unnatürlich wählerisch gewesen ist. Aber Verhältnisse, über die er, wie erwähnt, nicht Herr ist, haben ihn zum Verzicht gezwungen.

Einmal im vergangenen Jahr sah es einen Augenblick licht für ihn aus. Es war ihm gelungen, einen jungfräulichen Vogel zu finden, ein ganz freies, ungepaartes Eulenfräulein. Es bewarben sich freilich noch dreizehn Herren außer ihm um sie, aber was machte das — der Schatz war ja da. Es kam nun nur darauf an, wer ihn besitzen würde.

Es war drüben auf der andern Seite der Förde, draußen in einem dichten Tannenwald, wo er die Schöne traf. Sie saß in einer kleinen Tanne, und die Freier hingen dicht in den Zweigen rings um sie her.

So war auf alle Fälle die Sachlage am Tage.

Aber des Nachts hatte das Bild einen weniger friedlichen Charakter, da kämpfte man wie die jungen Hähne und umschwärmte die Zuckertaube wie zudringliche Fliegen, so daß sie zu nichts in der Welt mehr Frieden hatte.

Leider lenkte der Förster des Gutes eines Tages wohlbedachterweise seine Schritte durch den Tannenwald. Er traf die ganze Versammlung an, die, ermattet von den nächtlichen Ausschreitungen, in sich selbst versunken da saß wie kleine, schlaffe Kasperlepuppen. Mit schief gesträubten Hörnern und zwinkernden Augen schielt ein Einzelner auf ein weißes Gesicht herab, aber das Gesicht verschwindet bald wieder. Dann, späterhin am Tage, ertönen kleine, kurze Schüsse — und einer nach dem andern gleiten die lebenden Tannenzapfen hintenüber von dem Zweig herab.

Der Förster war schleunigst zurückgeradelt und hatte sein Tesching geholt. Er verstand sein Handwerk aus dem ff und beurteilte die Sache, wie sie war: so lange es ihm gelang, eine gewisse kleine, helle Eule, die mitten in dem Klumpen saß, nicht zu treffen, würden die andern schon festsitzen wie die Kletten.

Er bekam neun! Dann war der Bann gebrochen. Die kleine, helle Jungfer glitt mit zum Himmel erhobenen Augen hintenüber, und nun zerstob der Rest in alle Winde.

Glip floh in den Wald und machte sich daran, die Bäume von oben bis unten zu durchsuchen. Aber sie waren entweder eulenleer, oder er traf Paare an, die in glücklicher Ehe lebten, mit Kindern bis über die Ohren. Wohl strengte er sich an, hier, wenn möglich, Eindruck zu machen, war sowohl äußerst grob wie auch äußerst liebenswürdig. Aber er erreichte nichts weiter als eine unfreundliche Behandlung, war er doch ein aufdringlicher Kavalier!

So wurde Glip denn auch in dem Jahre um seine Flitterwochen betrogen.

In diesem Frühling aber ist er wieder Feuer und Flamme. Er hat weit und breit gesucht und seine hohlsten und tiefsten Töne erklingen lassen. Bei jedem glücklich brütenden Paar, von dem er gehört hat, ist er offen und mit Gewalt eingebrochen ...

In manch einem Eulenhorst hat es einen Kampf auf gute alte Art gegeben, und es hat aus blutigen Rissen rot getropft auf weißblanke, zertrampelte Eier.

Glip hat aus dem Wege räumen wollen, um später entführen zu können, aber er ist überall der Kleine geblieben und hat mörderliche Prügel bekommen.

Da lächelt ihm endlich eines Abends das Glück; er ist plötzlich auf seiner Paarungswanderung auf das Ho einer Horneule gestoßen.

Er spitzt die Ohren —!

Ja, er ist seiner Sache sicher; es ist ein Weibchen, und zwar ein ungepaartes. Das kann er an der Weise hören, wie sie ruft. Er kauert sich auf einen Zweig nieder und heult wonnevoll zurück ... hu, hu, hu, hu!

Mit angehaltenem Atem lauscht er lange auf Antwort.

Hoo! kommt es so tief da unten aus dem Waldkessel. Nicht so sehr freundlich freilich, wie Glip es erwartet hatte; aber eine Antwort bekommt er doch — und er ist ja nicht verwöhnt.

Er fliegt gleich in der Richtung weiter, und es währt auch nicht lange, bis er ausfindig gemacht hat, daß seine vermeintliche Anbeterin unten in dem Bauch der großen Eiche sitzt.

Mit schnellen, weichen Flügelschlägen ist er dort.

Er erreicht das große Eingangsloch unter eifrigem Scharren und Kratzen seiner Fänge; es jubelt in ihm: ein langsam rinnender Strom von Ho-Rufen gleitet aus dem hohlen Stamm in sein Ohr hinauf, und nun sieht er — so daß ihm einen Augenblick der Atem ausgeht — ein paar rote Lichter unten auf dem Grunde funkeln. Er begrüßt sie mit Kaskaden seines wildesten Geheuls.

Glip ist gerade zur rechten Stunde gekommen. Sie baut ja ein Nest, das kann er hören; sie wühlt da unten herum und legt die Unterlage zurecht — und er beeilt sich, Strix seine erste Liebeserklärung zu bringen: ein trocknes — und knorrenloses Reis.

Da faucht Strix den frechen Eindringling an. Und doch — eine schwache Hoffnung blitzt in ihren Augen auf: sollte er sich nur so weit hinabwagen, daß sie ihn fassen kann, da hätte sie doch endlich einen Bissen.

Glip seinerseits, der in der rabenschwarzen Finsternis und infolge der Engigkeit des hohlen Baumes die Größe des alten Uhus nicht erkennen kann, faßt die Ablehnung des Reises als ganz selbstverständliche Sprödigkeit auf. Sie verlangt natürlich mehr!

Da fängt die kleine Horneule an, sich mit Mäusen für Strix einzustellen. Sie macht große Augen und entreißt ihrem verliebten Anbeter die ersten leckern Fleischstücke; er hätte sie ja für den eigenen Schnabel bestimmen können — und sie beeilt sich, ihm zuvor zu kommen. Sie kokettiert mit ihm, sitzt da und sperrt den Schnabel auf, sobald er sich zeigt — und der verliebte Bursche kann so vielem Entgegenkommen nicht widerstehen.

Am Tage setzt sich Glip zu ihr in den hohlen Baum, natürlich nur gerade vor das Eingangsloch — und ein ganzes Ende von Strix entfernt. Es will ihm ja zuweilen scheinen, als sei sie eine Art Ungeheuer, aber gleich darauf macht ihn die Liebe wieder blind.

Ihr Mienenspiel ist ja unvergleichlich, findet das kleine Närrchen. Noch nie hat Glip eine Eule gesehen, die imstande gewesen wäre, Kummer, Freude, Zorn und Haß bessern Ausdruck zu verleihen als dieser süße alte Uhu. Ihre großen, sonnenflammenden Lichter, die ihn zu Anfang ganz bange machten, wenn er in sie hineinstarrte — siehe, das sind ja in Wirklichkeit ein paar kluge, gute Seher mit einem bestimmten, festen Blick. Sie kann Einen ja freilich ansehen, daß man ein Gefühl hat, als wolle sie Einen im nächsten Augenblick verschlingen, aber das kommt daher, weil ihr Blick so groß ist; er beherrscht mehr als Einen selbst, er umfaßt alles, alles — um Einen und hinter Einem!

Glip bewundert Strix, er ist wahnsinnig verliebt. Wenn er sie nur herauf bekommen könnte! Er hat eine so schreckliche Lust, ihr sein Wiwit ins Ohr zu tuten!

Strix ist nicht mehr im stande, sich im Nacken zu kraulen, aber auch hierfür weiß ihr kleiner Sklave Rat. Sie braucht nur ihren großen Katzenkopf in die Höhe zu recken, dann kratzt er in ihrer zerzausten Perücke herum. Er geht ganz bis auf den Grund und macht es so vorsichtig und kitzelnd, ja, mit Befriedigung bemerkt Strix, daß der Sklave wieder und wieder seinen Schnabel und seine Zunge glättend an ihren Federhörnern hinaufgleiten läßt.

Jetzt muß es doch kommen! denkt das Närrchen ... jetzt gilt es nur, auszuharren, dann ergibt sich die alte Jungfer.

Immer eifriger fängt er für sie, immer kühner wird er auf seinen Raubzügen.

— — —

Lautlos wie er selber, streichen die lenzfrohen Schnepfen die langen Talstrecken drinnen im Walde entlang. Glip kann in dem Zwielicht der Dämmerung, dicht an einen Stamm gedrückt, verborgen da sitzen und sie auf und ab, ab und auf schweben sehen.

Es ist, als hätte eine jede Schnepfe ihre bestimmten Luftwege; aber wenn sie sich begegnen, geschieht es wohl, daß sie sich zu Zweien, ja zuweilen zu Dreien, gegeneinander stürzen, und dann stimmen sie ein sonderbares Murksen und Pfuitzen an. Da benutzt Glip die Gelegenheit. Wenn sie gerade vor ihm sind, fährt er blitzschnell auf sie ein — er zielt auf die zunächst fliegende und schlägt die Fänge in der Luft um sie zusammen.

Aber einen so großen Fang muß er auf der Stelle zerlegen, er ist leider nicht im stande, sein reiches Götteropfer in ungeteiltem Zustande darzubringen. Es wird still im Hain, wo Strix' kleiner, dummdreister Sklave sich blicken läßt. Die kleinen Vögel lassen Eier und Junge im Stich. Das geht nicht mit Schreien und Flattern vor sich, wie wenn der Sperber auftaucht, — nein, vorläufig treibt Glip sein Gewerbe nur des Nachts und raubt die kleinen Vögel, wenn sie schlafen. Seine feinen Ohren hören die Jungen des grauen Fliegenschnäppers im Nest piepsen, da holt er die eine Nacht das Weibchen, das Männchen die nächste Nacht. Strix kröpft und stopft in sich hinein, so viel sie nur kann — ihr Sklave ist ein tüchtiger Sklave!

Bald aber genügt es nicht mehr, wenn Glip nur des Nachts arbeitet, er muß jetzt auch den Tag mit zu Hilfe nehmen. Man trifft ihn überall im Walde: Im Dickicht wie längs der Wege; er sitzt stumm auf einem Ast, gegen den Stamm geklebt. Man glaubt, daß er schläft, aber er ist wachsam genug, und das leiseste Geräusch veranlaßt ihn sofort zu spähen. Bald ist er auf Mäusejagd unten im Laube, bald in irgendeinem Baume hinter Vögeln her.

So überraschen ihn eines Nachmittags ein paar alte Waldhüter, als er im Begriff ist, junge Dohlen zu rauben. Sie sehen, wie sich eine kleine Eule an ein Nestloch anklammert und hineinguckt, aber die alten Dohlen umflattern das Nest.

Der eine von den Waldhütern will sich bücken und einen Stein aufnehmen, aber der andre hält ihn zurück.

— Nein, laß das, Pist Lak! Bedenke, wie es „Vogel" erging ... es bringt immer Unglück, wenn man eine Eule totschlägt.

Glip läßt sich nicht im mindesten stören. Mit der einen Klaue greift er in das Nest hinein, holt ein Junges heraus und fliegt damit zu Strix. Zehn Minuten später ist er wieder bei dem Nest — eine nach der andern holt er alle die jungen Dohlen.

Sie kamen durch einen Unglücksfall ums Leben — so etwas geschieht auch tagtäglich im Walde!

Auch die Stare verschont Glip nicht. In der Morgendämmerung läßt er sich auf dem Starenkasten nieder und pocht mit dem Schnabel gegen das Holzwerk. Dann glauben die Jungen, daß es die Starenmutter ist — sie stecken den Kopf heraus, und — wupp hat Glip sie im Nacken gefaßt.

Es gehört etwas dazu, um Strix mit dieser Art von Kost zu versorgen — aber nun ergibt sich das verlockende Ungeheuer auch wohl bald!

Strix wird kindisch; sie verwandelt sich mehr und mehr aus einem großen, gefürchteten Nachtraubvogel in einen hilflosen jungen Kuckuck, der Tag und Nacht gefüttert werden muß. Es wird Glip schwer, alle die kostbaren

Liebesgaben zu beschaffen, er ist nahe daran zu ermüden — und läßt nach in seinem Eifer. Er greift nach allem, was ihm in den Weg kommt und bringt Frösche und Kröten statt warmer, leckerer Spatzen. Strix muß ihre schlimmsten Hungertage noch einmal durchleben und Eidechsen, Schlangen und kleine Kreuzottern fressen, ja, an einem warmen Abend wird ihr sogar eine dicke, schleimige Waldschnecke präsentiert.

Es wird Strix schwer, den schwarzen Kloß zu verschlucken, und sie rollt schrecklich mit den halbblinden, gleichsam verschimmelten Lichtern, obwohl sie ja nie im Leben ein Kostverächter gewesen ist.

Es ist leicht, das Ende vorauszusagen —:

Eines schönen Nachts, als die Paarungsbrunst aus dem Blut gewichen ist, erwachte Glip aus dem Liebesrausch und sah, daß er ein Sklave war. Da hob er die Verlobung auf — und machte sich aus dem Staube.

14. Strix Bubos Tod

Glip kehrte nicht wieder.

Strix hat infolgedessen seit zwei Tagen keinen Fraß bekommen, sie ist matt und ausgehungert und noch lichtscheuer als sonst. Sie ist kaum im stande, sich aufrecht zu halten; unten auf dem Boden der hohlen Eiche kriecht sie auf dem Bauch zusammen.

Sie ist halb von Verstand, hat fortwährend Visionen und sitzt da und heult ihren eigenen Namen.

Schu—hu! seufzt sie ... Schu—hu!

— — —

Da sitzt sie in dem alten verfaulten Vergangenheitsbaum, vertrieben, lebensmüde und verbraucht. Ebenso wie die Eiche, ist sie schon längst ein Fremdling in der Zeit gewesen.

Sie haßt die Zeit, ihre Unruhe, ihren Lärm und den Überfluß an Menschen überall; sie trägt Urzeit in sich, und der sind die Menschen entwachsen.

Das dumpfe Brummen des Bären, das Gebrüll des Elchhirsches, das Heulen des Wolfes und das Knarren und Krachen des Urwalds selber, das waren Laute, die für sie paßten. Sie hat dasselbe Wilde und Dämonische in ihrer Stimme gehabt ... aber niemand hat ihr in verständlicher Sprache geantwortet.

Sie sind dahin, alle die ursprünglichen Mitgeschöpfe ihrer Sippe, sie, in denen, o wie in ihr, das Großzügige wohnte. Die Menschen haben sie genommen und sich selbst nach eigener Machtvollkommenheit an ihre Stelle gesetzt.

Ihre Tage sind jetzt vergangen ... ihre vielen, vielen Jahre.

Es hat Zeiten in ihrem Leben gegeben, die schnell dahingesaust sind, wie das Gewitter über die Heide dahinjagt. Da hat sie geliebt und gehofft, gekröpft und sich Tag und Nacht beim Raube ergötzt. Dann kamen andre Zeiten, harte Zeiten, wo sie hat entbehren und leiden, flüchten und wandern müssen, wo sie kaum eine Maus für ihren Schlund hat finden können.

Aber das alles steht jetzt vor ihrem Innern wie ein undurchsichtiger Nebelschleier vor fernen Wäldern; sie weiß, die Wälder liegen dahinter — viel mehr weiß sie nicht.

Das Leben ist dahingeschwunden — für Strix wie für den Eichenriesen, in dessen Bauch sie sitzt. Das lange, lange Leben ist plötzlich zu etwas unfaßlich Kurzem zusammengeschrumpft.

Auf einmal zuckt sie zusammen — ihre matten, ausgebrannten Lichter werden so groß wie Teetassen.

Da senkt sie die Hörner und wirft den Kopf zurück und bewegt den Schnabel wie in beginnender Kampfekstase ... komm auf mich zu, komm auf mich zu!

Mit steifen Blicken starrt sie vor sich hin ...

Sie sieht, wie damals, als sie eben flügge geworden und auf dem Zweig saß, ein wunderliches Tier auf sich zu kommen. Es geht auf der hohen Kante und gleicht einer Rieseneidechse, — selbst der Schwanz fehlt nicht.

Es ist ein Waldarbeiter, den Strix in ihrem Todesaugenblick vor sich sieht; er schleppt einen Baum hinter sich her, den er gefällt hat.

Da ist er, der sich stark vermehrende Zerstörer, der Mensch, dem sie nie hat widerstehen können, der ihr das Leben sauer gemacht hat, der ihr das Lebensglück mit Gatten und Kindern geraubt, ihre Wohnstätten vernichtet, ihr die Nahrung weggenommen und die Erde zahm gemacht hat.

Sie wird blutgierig und böse, sie fühlt die Wildheit wie mit der Unbändigkeit der Jugend in sich fahren, und sie schlägt ihre Fänge in den Kopf und den Hals des Menschen.

Dann beginnt sie ganz besonnen, ihn zu kröpfen; aber plötzlich kommt es ihr vor, als verschlinge sie ein Kaninchen, das nicht durch ihren Schlund hinunter will.

Todesschwindel hat Strix schon längst befallen, sie haut und zerrt in dem Eichenzunder. Dann gleitet sie vorn über und liegt auf der Brust, sie streckt die eingeschrumpften Fänge nach hinten unter sich, rüttelt mit dem Kopf hin und her und zwinkert die geschwollenen Augenlider auf und zu, während sie mit bebenden Flügeln das Leben von sich abschüttelt.

Der Herbst verging und der Winter kam —

Und neue welke Blätter; neue zundrige Erde und Wurmmehl aus der alten Eiche sickerten herab und füllten den hohlen Boden aus. Strix' irdische Überreste wurden zugedeckt wie die so manch eines andern Vogels, denn hier in den hohlen Stamm der Eiche hatte sich im Laufe der Zeiten die Fauna des Waldes zurückgezogen, um in Frieden den Strohtod zu sterben. Schicht auf Schicht lagen die Skelette übereinander, wie auf einem überfüllten Friedhof, wohlbewahrt von der Eichensäure.

Da waren Skelette von Fledermäusen und Mardern und Spechten, von andern großen Uhus lange vor Strix, von Eichhörnchen und Sperbern und von einer kleinen, goldbusigen Frau Meise mit einem großen Loch im Kopf.

Eine ganze Geschichte des Waldes lag hier als Mumien aufbewahrt.

Aber als das Beben des Lenzes von neuem herannahte, als der brandgelbe Zitronenfalter sich anschickte auszufliegen, ließ sich eines Abends eine kleine Horneule in den hohlen Stamm hinab. Sie setzte sich in Balzstellung, fegte mit dem Schwanz und ließ die Flügel schleppen.

Er benahm sich ganz, als sei er hier zu Hause, näherte sich aber doch nur mit einer gewissen Vorsicht dem unheimlichen Dunkel auf dem Boden. Lange saß er da, reckte den Hals und starrte hinab.

Da erschien die entzückendste kleine Chinesin von einer Eule mit langen, gesträubten Hörnern, flachem Antlitz und schiefen, zwinkernden Augen oben im Eingang — und die kleine Horneule wurde Feuer und Flamme.

Er ließ sich schnell entschlossen hinabplumpsen —

Es war leer in dem Stamm!

Da scharrte er wie ein Hahn und gluckste seine kleine Henne hinab, und beide machten sie sich nun auf das eifrigste daran, das Loch mit Reisern zu umkränzen.

Und dann, eines schönen Tages, lagen fünf kleine, kugelrunde, kreideweiße Eier und leuchteten in der Dunkelheit wie mit Phosphorglanz.

Sie ruhten so sicher und ließen sich so leicht ausbrüten — sie lagen auf einer alten, weichen Matratze — — —

Glip hatte glücklich eine Frau gefunden.

Printed by BoD˝in Norderstedt, Germany